子どもの経済力を決める

父親からの問いかけ

10歳までにやっておきたい！

マルコ社

はじめに

子どもには、将来どんな大人に育ってほしいと思いますか？　もしもそんな質問を投げかけられたとしたら、あなたはどのように答えるでしょうか？

自分が歩んできた人生と同じような道を選択してほしいと答えるでしょうか？　反対にまったく別の人生を進んでほしいでしょうか？　それとも自分が果たせなかった夢を子どもに託すかのように、たとえば、才能豊かなアーティストになってほしいと願ったり、スポーツ選手として活躍してほしいと思うでしょうか？　あるいは、ビジネスで成功してお金持ちになり、経済的にゆとりのある生活を送ってほしいといった回答もあるかもしれません。

しつけや子育てをする際に、子どもに何を教え、どんなポリシーを持って接するかは、家庭によって異なります。父親と母親で子育てに関する考え方や方針に相違のあるケースも、きっと少なくないでしょう。生い立ちやそれまで培ってきた人生観が大きく影響するため、それも自然なことだといえます。ただ、将来どんな職業についたとしても、生活に困らない経済力だけは、身につけてほしいと願う親が多いのではないでしょうか？

人生において、お金がすべてというわけではありませんが、質の高い教育を子どもに受けさせたり、余暇を楽しむためには、ある程度のお金が必要となります。とくに近年は収入格差が進み、親の所得の高さが子どもの学力に比例しているといった指摘がされることもあります。したがって、お金を儲ける経済力があるに越したことがない。そのように考える親がいても何ら不思議ではありません。むしろ親になることで、自由に謳歌していた独身時代とは違い、家族のためにお金を使ったり、稼いだりと、自身の経済力について考えることも多くなると思います。

では、お金で苦労しない人生を送るために必要とされる能力とは、いったいどんなものでしょうか？　しっかりとした自分の意見を持ち、それを他人に伝えるコミュニケーション能力も会社という組織の中で力を発揮したり、人脈を築くためには重視されます。トラブルや問題を自ら発見し、解決していく能力も欠かせません。そのほか最後まで諦めずに、課題をやり抜く力が求められることもあるでしょう。大手企業に就職したり、高度なビジネススキルを習得するためには、学力も必要となります。こうしたいわゆる社会で活躍する能力を、子どものうちに親の力で何とか身につけさせたい、それが親の務めだと感じている人もいると思います。だから、幼いうちから英会話スクールやお稽古ごとに通わせたり、早いうちに塾に入れることで、子どもたちの能力を高めようとする親が多いのだと思います。本人がやりたいといったから通わせるケースもありますが、親の意向でやらせることもよくあります。将来、やりたいことや夢が見つかったときに、その夢に向かって自分の力で歩んでいけるよう、あらかじめ親の力で、子どもの能力を高めてあげたいと思うわけです。

しかし、一方で「問題解決力」や「やり抜く力」「自己主張」といった力は、学校、塾、そしてお稽古ごとに通わせたからといって、自然と伸びていくようなものではありません。教科書やテキストがあり、先生・講師が教えてくれるものではないからです。さまざまな体験を通じ、自ら考えることで、育まれていきます。そして、こうした社会を生き抜く力の育成には、父親の育児参加がよい影響を与えるといったデータや研究結果が国内外の機関から報告されています。いずれも有名大学や国際的な研究機関が発表している信頼性の高いレポートばかりです。こうしたデータを目にしたことが本書を制作する大きなきっかけになりました。

日本ではイクメンという言葉が広く浸透し、以前と比べて、父親の育児参加への意欲が高まり、その機会も増えているといわれています。ただ、それも世界的に見れば、まだ日本の父親は子どもと接する時間は短いといえます。たとえば6歳未満児を持つ各国男性の育児や家事の時間を比較した調査では、日本の父親が育児に費やしている時間は1日40分程度という結果が出ました。これはアメリカやヨーロッパの主要国の父親と比べると、半分程度の時間にすぎません。子育て以外の家事の時間を足したとしても、日本の父親は1日約67分で、毎日3時間程度は家事を行っているアメリカやヨーロッパの主要国の父親と比べ、3分の1ほどの時間しか、育児や家事に関与していないことになります。父親の育児参加が増えたように見えて、実は１９９０年代と比べて、父親が育児や家事に費やす時間はさほど増えていないというのが、現状なのです。ちなみに共働き家庭で母親が育児や家事を行う時間は１日約６時間、そして専業主婦の母親になると、１日約９時間となっています。

最近、「ワンオペ育児」という言葉をよく耳にするのではないでしょうか？　これは配偶者が単身赴任や残業、休日出勤を強いられるなど、何らかの理由によって、ひとりで家事や育児のすべてをこなさなければいけない状態を指す言葉です。ワンオペ育児を強いられているのは、主に母親です。ワンオペとは、ワンオペレーションの略で、コンビニエンスストアやチャーン展開している飲食店において、人件費を削減するため、深夜の時間帯を中心に、ひとりですべての業務をこなさなければいけない過酷な状況が広がっていることから、社会問題化しました。ワンオペ育児も人手が足りずに家事や子育てに疲弊する様子を揶揄して使われています。

また、一時期は上昇傾向にあった男性の育児休暇の取得率も近年は伸び悩んでいます。1996年度は0・12％にすぎませんでしたが、増減を繰り返しながら、緩やかに増加し、2009年度には1・72％を記録したものの2010年度には再び1・38％に低下してしまいました。女性の育児休暇の取得率が1996年度の49・1％から2008年度には過去最高となる90・6％を記録した状況とは非常に対照的です。その後、男性の育児休暇の取得率は2016年度になり、ようやく過去最高となる3・16％記録しましたが、育児はほぼ母親任せという状況は変わっていません。

男性も育児に消極的というわけではありません。東京都の調査によると、子育て家庭の6割以上の父親が家事や育児を「もっとやりたい」と考えています。ただ、そのためには勤務時間の短縮が必要だと考える人が67・7％にのぼっていました。男性でも育児休暇が取りやすい職場環境や、勤務時間の柔軟性など、さらなる働き方改革が求められています。また、同調査では、母親の7割以上が「配偶者にもっとやってほしい」と回答しており、「配偶者が子育てに協力してくれないと思う」と答えた人が父親の3・2％であったのに対し、母親は36・7％がそのように回答するなど、男女の認識に大きな違いがあることがわかっています。

こうした現状を少しでも変えるには、父親が育児に参加することで得られるメリットを、もっと別の角度から伝え、広く知ってもらうことだと考えたわけです。父親が育児をするのはもちろん当たり前のことです。確かにその通りですが、育児休暇が取りづらい状況が今後も変わらず、母親がワンオペ育児を強いられるのなら、父親の育児参加によって将来の子どもの経済力が高まると言われたほうが、モチベーションがあがる面もあるのではないでしょうか？　父親である自分にしかできない育児があるとわかれば、もっと積極的に育児や家事に関わるようになるのではないでしょうか？　もちろん、父親のいない家庭もあれば、どうしても父親が育児に関われない家庭もあるでしょう。したがって、シングルマザーの家庭では、子どもに経済力が身につかないというつもりはまったくありません。母親と父親の育児に優劣をつけたいわけでもありません。父親不在なら、育児の中で母親が父性的な役割を演じることで、同じ効果を得ることは十分に可能です。

また本書ではどのような点に注意して子どもと家庭内でコミュニケーションを取れ

ば、「やり抜く力」「問題解決力」「挑戦意欲」「自己主張」などといった、将来の経済力につながる能力が育まれるのか、問いかけるときのコツを専門家の方々に取材し、まとめています。いずれも特別な技術を必要としない、簡単にできるものばかりです。こうした問いかけを日々の生活の中で実践しながら、少しでも父親の育児参加が増え、父性的な育児について考える一助になれば幸いです。

目次

第1章 やり抜く力を育む

第2章 問題解決力を育む

レポート02

生存のための技術や問題解決の技術を父親は子どもに多く教える——046

父親は子どもに対して遊び相手として振る舞う傾向があった／人生の予期しないことに備えるよう教える役割／子育て支援の先進国・カナダが考える　父親から子どもへの好影響

カリフォルニア大学

問いかけ法02

「そうだね」「どう思う？」「確かめよう」問題解決を促す問いかけの3ステップ——053

子どもの素朴な疑問も大人にとっては不毛でどうでもいいこと／子どもの問題やトラブルの種を先回りして取り除く親たち／子どもたちに必要なのは成功体験よりも失敗体験／まずは疑問に共感を示して解決したい気持ちを刺激する／推測した答えが合っているのか　検証してみるよう促す／問題解決の力が高い子どもは家庭での会話も多い

＜取材協力＞
国士舘大学　体育学部
こどもスポーツ教育学科
北 俊夫教授（肩書きは取材時）

レポート03

父親の愛情不足で育つと攻撃的で感情が不安定になる

072

子どもの性格は父親によって決まる!?／父親の力で子どもの犯罪行為や問題行動を減らすことができる

米・コネチカット大学
人類学者
ロナルド・ローナー氏

問いかけ法03

しつけは叱ることではない。思いが伝わる〝しつけないしつけ〟

079

するべきことを、理由を添えて普通の言い方で繰り返し伝える／やってはいけない理由は2秒で言える短いフレーズで／一番やってはいけないのが5W1Hを使った叱り方／一度でできなくて当たり前。問題行動の抑制には時間が／特別なことは必要ない。〝しつけないしつけ〟とは／女の子には反論せず一度、共感してあげること／男の子には理屈でダメな行為を注意する／褒めるときは当たり前の行動をリフレインしてあげる

＜取材協力＞
KANSAI こども研究所所長
原坂一郎

第4章 挑戦意欲を育む

第5章 自己主張を育む

レポート07

子どもに積極的に話しかける父親の元で育った子どもは、言語能力が発達している ―― 168

発達期の親子の会話で言語理解機能に好影響が／父親の読み聞かせで言語表現が豊かになる

ノースカロライナ大学

問いかけ法 07

習った言葉は家庭で使い、定着させる。親子の掛け合いで増える語彙。―― 174

国語力をあげるコツはインプットする耳を鍛えること／古文の音読をすることで国語力があがる理由とは?／大きな声で1音1音を区切りながら、はっきり読む／学校で覚えた新しい表現を家庭で使うことで語彙力は伸びる／専門雑誌なら自然な形で抽象語を学ぶことができる／親子の共通の話題を本に。読書が当たり前になる空間作り／子どもの学習意欲を高めるため親が社会の行く末を語る

<取材協力>
教育相談事務所 V-net 主宰。
教育環境設定コンサルタント
松永暢史

第8章 メンタルヘルスを育む

第1章 やり抜く力を育む

レポート

民主的な育児スタイルを父親の元では最後まで「やり抜く力」が育まれる

ブリガム・ヤング大学　ラウラ・パディリア・ウォーカー准教授

問いかけ法

「どうする？ 続ける？」と深追いせず様子を見ながら問いかける

<取材協力> 日本女子体育大学　スポーツ健康学科 幼児発達学専攻
桐川敦子准教授

レポート01

民主的な育児スタイルを父親の元では最後まで「やり抜く力」が育まれる

ブリガム・ヤング大学　ラウラ・パディリア・ウォーカー准教授

親なら誰しも、我が子にはどんなことでも最後までやり抜くような忍耐強い子どもに育ってほしい。そのように願うものではないでしょうか？　たとえばサッカーや水泳をやりたいと言うので、近所にあるスクールに入会させたとします。しかし、最初は嬉々として通っていたものの、思ったよりも楽しくないと感じたのか、あっという間に辞めたいと言い出しました。こんなとき、あなたならどうしますか？

「せっかくはじめたのだから、もう少し頑張って続けなさい」などと諭して、なんとか続けさせようとするのではないでしょうか？　とくに、その理由が本人のやる気にあるのではと感じたら、多くの親は続けるように説得すると思います。せっかくユニフォームや道具を新調したのに、すぐに辞めたらもったいない。そんな金銭的な事情もあるかもしれませんが、簡単に挫折していたら、この先に待ち受ける受験勉強や社会に出たときにやっていけるのかと、不安がよぎり、諭したくなるでしょう。次々に新しいことに手を出すような性格よりも、ひとつのことに粘り強く打ち込む姿勢のほうが良い印象を受けがちです。

総務省が日本とアメリカ、韓国の0歳から15歳までの子どもを持つ父親および母親、各国約1000人に行った『子どもと家族に関する国際比較調査』でも、日本の家庭では子どもに望む性格特性として「忍耐強さや粘り強さ（＝やり抜く力）」は、思いやりや人に迷惑をかけない公共心、責任感などと並んで上位にあげられています。ちなみにアメリカの家庭では責任感や正義感、落ち着きなどが上位に並び、「やり抜く力」はあまり重視されていないという調査結果になっています。韓国の家庭では、礼儀正しさや責任感を重視し、忍耐強さや粘り強さも日本と同様に重きを置いていることがわかっています。

そんな子どもたちのやり抜く力について、アメリカ・ユタ州にある名門私立大学ブリガム・ヤング大学で教鞭をとる家族心理学者のラウラ・パディリア・ウォーカー准教授の研究チームが、２０１２年にこんな興味深いレポートを発表しています。11歳から14歳までの子どもがいる３２５組の家族に、育児と思春期の「持続」との関連性について調査したものです。参加者の79％がヨーロッパ系アメリカ人で、５％がアフリカ系とアジア系、２％がヒスパニック系、残りの９％がミックスという人種構成で、アンケートは一度行ったあと、時間をおいて追跡調査も行われました。

調査の目的は、主に３つありました。ひとつは、母親と父親が威厳を重視した育児を行っていた場合、時間の経過とともに子どもの「持続性」と関係していたかどうかを尋ねることで、若者が物事を継続する際に親の育て方が関連しているのかを調べることでした。二つ目は、こうした「持続性」が学校での生活態度や、社会での振る舞い方、そして非行といった子どもの重大なトラブルに関連するのか、論証を試みることでした。

３つ目が、そもそも両親の育児のスタイルと思春期の「持続性」との間に関連性があるかについて調査することでした。

この調査における「持続性」とは、何かをゴールに到達するまで続ける力、つまり「やり抜く力」のことを指しています。また、周囲からの圧力や指示に従って、しぶしぶ最後までやり抜くのではなく、あくまで自発的、自主的に行動することであると「持続性」を定義しています。

そしてアンケートの結果を分析すると、子どもたちの「持続」する力には、父親の育児スタイルが大きく関わっていることがわかったと言います。調査の中で、父親の育児スタイルを以下の３つに分類し、考察しています。ひとつ目が、「威圧的な育児」です。「威圧的な育児」とは父親の威厳を使うことで、子どものマナーや振る舞いを厳しくしつけるような育児のことを指します。父親としての責任感から、明確な価値観を提示するというメリットがある一方で、それを遵守することを厳しく求めがちなため、この育児スタイルで育った子どもには、自分で考えながら自主的に行動することが少ない傾向が見られました。

二つ目が「放任的な育児」です。子どもの行動や、母親と子どもの関係にはあまり口出しをせず、自由に育てようとする父親のことを指します。子どもの自主性を重んじる反面、確固たる価値観を授けないため、子どもが自分の価値観に自信を持てないまま成長してしまうといったデメリットが指摘されています。また、放任的な育児をする父親の元では、子どもは愛情不足を感じやすいといった側面があるようです。

そして、3つ目が「民主的な育児」です。これは自分の価値観を子どもに示しながらも、子どもの考えや決断を尊重した関わり方をするというものです。家庭や社会のルールを守らせながら、なぜそのようなルールが存在するのか理由を説明して、主体性に行動することを奨励するような育児のスタイルです。

この3つの育児タイプのうち「民主的な育児」で育った子どもは、さまざまな面で健やかに育ち、非行や問題行動を起こす確率も低く、学校への取り組みもより熱心なことがわかりました。そして、物事に取り組むときに、それを最後までやり抜く力が育まれるという結果が出たと言います。

またこのレポートでは、思春期に培ったやり抜く力が学力や、社会に出てからの仕事への評価へも好影響を及ぼすことを示唆しています。より高い学業成績の評点や、課外活動の積極的な参加が見られ、目標を達成したいという意欲が結果として、表面化するのかもしれません。

目的を達成するために欠かせない「やり抜く力＝グリット」

また日本でもベストセラーになった書籍『やり抜く力 GRIT（グリット）人生のあらゆる成功を決める「究極の能力」を身につける』（ダイヤモンド社）で有名なペンシルバニア大学のアンジェラ・リー・ダックワース教授も人生で成功するために必要な

能力として「やり抜く力」の重要性を説いています。

彼女の研究チームは「やり抜く力」の重要性を検証するため、数々の実地調査を行いました。ひとつ目はウェスト・ポイント・ミリタリー・アカデミーという軍事教育学校で行われた調査です。これは、厳しいトレーニングを耐え抜くことができる入隊者と、耐えきれずに退学してしまう入隊者をあらかじめ予測するというものでした。二つ目は英単語のスペル暗記大会で、どの生徒が勝ち残るのかを予測しました。

3つ目は業務がハードな教育現場の先生たちに「どの先生が年度末まで教育現場に残っているか？」と「残った先生のうち最も生徒が持つ学力を引き出すことができた先生は誰なのか？」について調査したものです。そして、4つ目は一般企業に対し、「どのセールス担当者が生き残れるか？」「トップセールスを記録したのは誰か？」について調査するというものでした。

学校や職場で良い成果や結果を生み出す人は、総じて学歴やＩＱが高いというのが一般的な認識となっていましたが、前述した対象の異なる4つの調査からは、学歴やＩＱの高い人が必ずしも優れた結果を残すわけではなく、「やり抜く力」を持った人のほうが、高いスコアを記録することがわかったと言います。目的を達成するためには「やり抜く力」が欠かせないことを導き出したのです。

そして、彼女らはこの力を「グリット」と名付けました。グリットとは、物事に対する情熱で、目的を達成するまで粘り強く努力する力のことです。その後、アンジェラ教授は数千人の高校2年生にグリットに関するアンケートを行いました。一度、回答してもらった後も追跡調査を行い、中途退学した人はいないか？　誰もが卒業できるかを研究しました。すると、グリットを持っている生徒の卒業率が極めて高いという結果が出たと言います。

したがって、アメリカでは学校や職場で良い成果を出すためには、学歴やＩＱよりも「やり抜く力」に着目すべきという考えが広まりつつあります。

問いかけ法 01

「どうする？ 続ける？」と深追いせず様子を見ながら問いかける

やり抜く力に加え、社交性や自尊心、思いやりといった能力は、社会で成功を収めるために欠かせない基礎的な能力として、ここ数年、大きな注目を集めています。これらは「非認知能力」という総称で呼ばれており、その名を聞いたことがある人もいるかもしれません。ちなみに字が書ける、数字がわかるといったテストや数値で測れる能力は「認知的能力」と呼ばれています。非認知能力が注目を集めている要因として、ペリー就学前プロジェクトなど、幼少期から非認知能力を育成することの重要性を実証するデータが相次いで公表されたこともあげられます。

（注）「ペリー就学前プロジェクトは、1960年代中頃にアメリカのミシガン州で実施された社会実験です。3〜4歳の就学前の子どもに、非認知能力の向上に重点が置かれた授業を毎日受けてもらい、この授業を受けた子どもと、そうではない子どもを40歳になるまで追跡調査しました。その結果、就学前に非認知能力を重視した教育を受けた子どもは、受けなかった子どもと比較すると、収入が高い、持ち家率が高い、生活保護受給率が低い、学歴が高いといった特徴が見られました」

社会人であれば、非認知能力の重要性は日々の生活の中で、実感していると思います。ひと昔前なら、勉強して良い大学に入り、良い会社に入れば、人生が豊かになると信じられていました。しかし、時代は変わり、いくら学力を武器に一流企業に入社しても、企業倒産やリストラに直面することは珍しいことではありません。入試を突破する学力ではなく、企業が直面する閉塞感を打破するような新しい提案やアイディアを出せる人が重宝されるように変化しています。与えられた仕事をこなすだけではなく、人間関係を構築しながら、自ら行動し、決断できる能力も求められています。それが、まさに非認知能力なのです。

非認知能力の教育には時間がかかる

そして、非認知能力を伸ばす際に、重要となるのが主体性です。社交性や思いやりなど社会で必要な能力は、他人と関係を築く中で育まれていくからです。とはいえ、非認知能力を伸ばすのは、簡単なことではありません。ＩＱなどとは違い、能力の数値化が難しく、目に見えない力だからです。またその力を伸ばすために、根気と長い時間を要する点もネックとなっています。どうしても親というのは、わが子の成長を早く実感したいと思ってしまいます。とくに保育園や幼稚園に通うようになると、他の子どもとの違いが目につくようになります。みんなが行儀よく座っているのに、ひとりだけ落ち着きがないなど、つい比べてしまい「うちの子は、このままで大丈夫かしら」と不安が募っていくこともあります。

そのため、目に見える成長を追い求めがちになります。中には親からの要望で、字のお稽古をさせている幼稚園もあると聞きます。小学校に入学すれば、ひらがなをイチから習いはじめるので、わざわざ幼稚園で学ばせておく必要はないと言えるでしょう。誰でも1年生が終わる頃には読み書きができるようになるのですが、それまで待てないわけです。ひらがなをひとつひとつ覚えていく作業は、結果がとても見えやすいため、なおさら熱心に教えようとします。

褒められたいから〝やる〟はまだ自主性が育っていない

やり抜く力を伸ばす際に、よく行われる手法が褒めることです。たとえば、幼稚園などで保育室のお片付けをすると、保育者である先生たちが「○○ちゃん、えらいね」などと褒めてくれるでしょう。当然、子どもたちは褒められるとうれしいため、次第に率先して片付けをしてくれるようになります。しかし、気をつけなければいけないのは、褒められて片付けるというのは、必ずしも自主性が育っているわけではないということです。

褒められることを期待してやるのではなく、「きれいに整理整頓しておいたほうが気持ちいいから」「お友だちがおもちゃを踏んでしまわないように」など、片付ける意味や理由を理解して自ら実践するようになってはじめて、やり抜く力が伸びてきたと評価すべきです。保育士も親もただ褒めるのではなく、そのように導くことを目的として子どもたちと接する必要があります。ただ現実には闇雲に褒めたり、あるいは「片付けしなさい！」と叱ることで教え込もうとしてしまいます。それでは自主性は育っていきません。

字のお稽古も同様です。本人が、文字に興味があり、好きでやっているのならとくに問題ありませんが、もし小学校に上がったときに困らないようにと、親がやらせているとしたら、疑問を感じます。たとえば、虫が大好きな子どもがいたとします。その子が字を習うことに興味を示さないのに、長時間、勉強に費やすのは得策だとは思えません。

その時間を虫取りに使っていたら、素晴らしい研究心を身につけたかもしれないのです。強制はしていないつもりでも、子どもは親に従いがちです。そのため、子どもが本当に好きでやっているのか、見極めてあげる必要があるでしょう。

やり抜く力を伸ばす入り口は子どもの興味関心にある

やり抜く力を伸ばしたいと思ったとき、その入り口は子どもの興味関心にあります。興味があることなら、子どもは夢中になって続けるでしょう。その継続がやり抜く力として、少しずつ育っていきます。したがって、親は興味を持つきっかけや、遊びを探す機会を与えることが大切です。ただし、最近は機会を与えるときにも押し付けになっている気がします。親がやってほしいことや興味があることを優先してやらせていないでしょうか？　もちろんそのような機会があって良いですが、親が選んだものに関心を持つ子とそうではない子が必ずいます。ある程度は自由に、本人が興味や関心を探せるような環境を用意してあげることが重要です。

では、子どもが何に関心を持つのか、見極めるために必要なことは何でしょうか？それは子どもの可能性を信じることです。言葉で言うのは簡単ですが、これは親にとっても、プロである保育者にとっても、とても難しい作業です。関心を持つことや行動が他の子どもとは違ったとしても、可能性を信じて、じっと見守ることです。「見守る」という態度は、放任とは異なります。何も言わずただ好き放題させるのが、放任です。「見守る」は子どものやっていることに先回りして口を出すことなく、それでいて、子どもの思いを実現できるよう最低限の問いかけで導いてあげることです。

たとえば、何かを作っているときに、「こうしてみたら？」や「ああしてみたら？」と子どもが考える前に口出ししてしまうのは、避けるべきです。子どもが段ボールでお店を作っていたとします。椅子を作ろうとするものの、体重をかけると潰れてしまい、上手に作ることができません。苦戦している様子についアドバイスしたくなりますが、じっと我慢します。けっして「これを中に詰めたら、椅子ができるよ」などと正解を提示してはいけません。子どもは何度か失敗を繰り返し、だったらこういう方法が良いかもしれないと、長い時間をかけて発見していきます。その途中で諦める子もいますが、それでも構いません。自分で学び、いつかは正解を見つけてくれるはずだと、子どもの力を信じて、見守るわけです。

危険なことをしていない限り、失敗するのも見届けます。これがやり抜く力につながっていきます。もし、子どものほうから「こうしたいんだけど、もうひとつ段ボールがほしい」などと言ってきたら、その要望に応えるような援助をしてあげましょう。それが見守るということです。見守るというのは、まったく何も手助けしないということではありません。子どもの可能性が広がるよう、様子をきちんと見ておくことです。

誰もが興味あることを自由にできる そんな雰囲気作りが大切

以前、伺った幼稚園でこんなこともありました。その日は教室で段ボールや色紙、積み木などを使いながら、「金魚すくい」「たこやき」といったお店を並べて遊ぶ、縁日ごっこをして遊んでいました。子どもたちはお店屋さん側に立ったり、お客さん役をやったり、自由に遊んでいましたが、そんな中でお店には目もくれず、夢中で床に黄色いテープを貼り出した男の子がいたと言います。あまりに夢中になっていたこともあり、先生たちはとくに何も言わず、そのまま見守っていたそうです。

このような場面で、幼稚園や先生によっては、みんなと同じことをやらせようと促したり、テープを剥がすときに床のペンキも一緒に剥がしてしまう可能性があるため、やらせないといった態度を取ることもあるでしょう。また、もしもその子が黄色いペンで床に線を書こうとしていたら、さすがに止められていたかもしれません。ですが、このとき先生は見守ることにしました。あとになって、なぜ男の子が黄色いテープを貼っていたのかが判明します。その子は目の不自由な人もいろいろな店に行けるようにと、点字ブロックを作ろうとしていたのです。先生はもちろん、それを見た他の子どもたちはようやく行動の意味を理解し、感動したと言います。一人ひとりの個性を認める雰囲気があるからこそ、違う行動を取っていた男の子を見守ることができ、上手くいったのだと思います。もしも、先生が止めていたら、点字ブロックを作るという素晴らしいアイディアを他の子どもたちが目の当たりにするチャンスも潰していたことになります。このような環境作りについて、現場の保育者はとても大切にしています。

続けるのか？　やめるのか？　様子を見ながら問いかける

遊びでも学びでも、最後までやり抜かずに途中でやめてしまう子もいます。そんなときはどうすれば良いのでしょうか？　少し声をかけてあげれば続けていけるのか、それとももう意欲がなく、声をかけることが強制につながってしまうのか、見極めるのは、非常に難しいところです。親や先生からの「もうちょっとやってみようよ」という言葉に触発されて続ける子もいれば、「今日はもうやらない」と答える子もいます。やらないと言った子でも、次の日になったら「やっぱりやりたい」と言い出すこともあります。

また、大人が「どうするの?」と深追いしすぎると、その気持ちがなくなってしまうこともあります。したがって、誰にでも通用するマニュアルはなく、最終的には子どもの性格や発達を見て、言動を丁寧に読み取りながら、どのように声かけすべきかは判断するしかありません。

ただポイントをあげるとすれば、子どもに寄り添うこと、子どもがやったことをすべて受け入れることが大切だということです。褒められなくても、やったことを認めてくれる人がいると、子どもはうれしいのです。何かを作ったら「ここが素敵だね」「よくできたね」と認め、途中でやめてしまっても「ここまでひとりで、できたんだ」と創作過程を認めてあげます。そして、続けて「これで、もうでき上がりかな?」「もう少しやる?　これでも素敵だけど」などと、いくつか選択肢を与えながら、次にどうするのか問いかけてあげます。強制しないように注意しながら、子どもとこうしたやり取りを続けていくことが大切です。常に決定権は子どもが持つようにすることで、自主性を促すわけです。家庭でもこれらの点に注意しながら、問いかけてみましょう。

またもうひとつのポイントは、保護者や保育者などの周囲の大人の方が「一緒に」やることです。ただ教えたり、導くのではなく、一緒に楽しみながら、取り組むと継続を後押しするきっかけになると、私は多くの子どもと接しながら感じてきました。たとえば、子どもがサッカーをしたいと言っているとき、すぐに教室に入れるのではなく、まず家族でボールをけって遊んでみてはいかがでしょうか。泳げるようになりたいというときは、家族でプールに行って、水の中の楽しさをともに味わってはいかがでしょうか。

一緒にやると効果的なのは、スポーツに限りません。料理を一緒に作ってみたりと、食育にも活用できます。最近は孤食という言葉があるように、家族が揃って食事を取らず、それぞれがバラバラの時間にご飯を食べることも多いと聞きます。それでは楽しんで食事をする機会がなくなってしまいます。親が一緒に「これってどういう味なのかな？」「こういうふうにしたらもっとおいしくなるかな？」「ご飯よりパンのほうが良かったかもね」「じゃがいももちょうどいい大きさだね」など、子どもと会話しながら、食事を楽しむ食卓は非常に良い環境です。

お姉さんみたいになりたい。憧れが子どもの能力を引き上げる

子どもは憧れの存在がいると、続ける力、やり抜く力が伸びます。たとえば、幼稚園の先生がピアノが上手だからピアノを習った、ママが料理上手で自分も料理を作ってみたい、そうした憧れる気持ちが、子どものやる気を強く後押しします。昔は近所にいたちょっと年上のお兄さんやお姉さん、あるいは兄弟の中に憧れの対象がいたものです。しかし、子どもの数が減り、放課後に近所の公園で遊んでいる子どもも減りました。習い事で忙しい子も多いでしょう。スイミングスクールやサッカー教室など、習い事で友だちと出会うこともありますが、だいたい同じ年頃で、仲良くはなっても憧れの対象にはなりにくいでしょう。自分よりも上手にできてカッコ良い年上と接することで、私もああなりたいと努力するようになります。

また、昔は近所のお兄さん、お姉さんと遊んでいると、みそっかすにされることがありました。みそっかすは仲間はずれではありません。幼いために、ルールをよく知らなかったり、他の人と対等に遊びに参加することはありませんが、一緒の輪には入っていました。そして、遠巻きに少しずつ遊びを学び、やがて対等に遊ぶようになります。このとき、私もお兄さん、お姉さんみたいに遊びたい！　という憧れが大きな原動力になるわけです。こうした異年齢の関わりを日常の遊びで体験する機会が減ってきているため、幼稚園などでも「縦割り」の時間を設けるようになってきました。もし、近所に年上の子どもたちがいれば、その輪に加わるよう促してあげると、「やり抜く力」を伸ばす、良い体験になるでしょう。

「よくできたね」と創作努力を認めたら、
「もう少しやる？　これでも素敵だけど」と、
次への選択肢を与えながら、問いかけてみる

その1 「やり抜く力を育む問いかけ法」まとめ

- 社会で成功を収めるために欠かせない基礎的な能力が「非認知能力」
- 数値化できない「非認知能力」の育成には時間がかかる「待つことも保育」
- 褒められることが目的になっていないか様子を見る
- やり抜く力を伸ばす入り口は子どもの興味関心にある
- 子どもの可能性をとことん信じること
- 続けるのか？ やめるのか？ 様子を見ながら問いかける
- 楽しさを伝えるために、親が一緒にやる
- 私もああなりたい。憧れの存在が能力を伸ばす

第2章

問題解決力を育む

レポート

生存のための技術や問題解決の技術を父親は子どもに多く教える

カリフォルニア大学

問いかけ法

「そうだね」「どう思う？」「確かめよう」問題解決を促す問いかけの3ステップ

<取材協力> 国士舘大学　体育学部 こどもスポーツ教育学科
北 俊夫教授（肩書きは取材時）

レポート02

生存のための技術や問題解決の技術を父親は子どもに多く教える

カリフォルニア大学

契約が上手く取れない。営業成績が下がっている。新商品の開発がスムーズに進まない。良い人材を採用できない……などなど、社会に出て仕事するということは、言うまでもなく問題解決の連続です。大人なら誰でも無数の問題解決を経験してきているため、さほど難しいこととは思わないかもしれませんが、子どもとなるとそうはいきません。失敗を何度も繰り返しながら、少しずつできることが増えていきます。その歩みは遅く、一緒に生活して近くで見ていると、成長に気がつかないこともあるくらいです。したがって、どうしてうちの子はできないのだと、イライラしてしまうこともあります。そんな

問題解決の能力の向上にも、父親が重要な役割を果たすことが報告されています。

カリフォルニア大学の研究がそのひとつです。32人の母親と32人の父親、そして、その家族の未婚の32人の子どもが集められ、子どもと親の行動との関連性が研究の対象になりました。対象者のすべては白人で、親の育児スタイルを適切に評価するため、標準的な社会的地位、そして標準的な収入を得ている人たちが選ばれました。

集められた親たちは自然の中で過ごしながら、子どもに指定されたゲームのやり方を教えるよう依頼を受けます。その模様は一部始終、ビデオテープで録画されていました。後日、ゲームをする親子の様子や、アンケートの結果をもとに分析が行われ、父親と母親では育児のスタイルや、ゲームを教える際の内容や伝え方に違いが見られることがわかったと言います。

多くの母親は、ゲームを通じて、感情表現や人間関係の技術を子どもに教えようとしました。対する、父親は生存のための技術や問題解決の技術を子どもに多く教えていました。トラブルに直面したとき、どのようにそれを回避し、解決するのか、自身の経験などを元に伝えようとしたと言います。このことから、父親と十分に過ごす時間を持つ子どもたちは、問題解決の技術を学ぶ傾向にあることがわかりました。

父親は子どもに対して遊び相手として振る舞う傾向があった

またテキサス州立大学で実施された以下のような研究もあります。参加者は、テキサス州立大学の学部生が対象で、18歳から25歳の学生180人でした。この研究の目的は、父親の育児と母親の育児で異なる点があるかどうかを判断すること。そして、もし違いが見られるとしたら、性別の違いが親子関係にどのような影響を及ぼしているのかについて測定を試みることでした。

参加者にはあらかじめ基本的な人口統計的な質問や、どちらの親と最も長く生活してきたのか、そして、家庭での各親のジェンダーの役割について質問されました。子育ての仕方は親個人の考え方だけではなく、その親が育ってきた環境、つまり親自身の幼少期の体験、あるいは地域社会の慣習・文化、時代背景、そして親がどのような職業についているのかといった社会的役割によって定義されます。アメリカでも日本と同様に、伝統的な女性の家庭での役割は、育児と家事の担当だと考えられてきました。対する男性は外に働きに出て、お金を稼いでくるという役割を担ってきました。

同研究レポートによると、そんな家族のステレオタイプがアメリカにおいて徐々に変化してきたのは、１９５０年代に入ってからだと言います。男性と女性の両方が育児に関わるようになっていき、とくに１９８０年代からは母親も家の外で働くという家庭が増えていきました。しかし、母親の社会進出が父親のさらなる育児参加を促すのではと期待されたものの、母親が平均して、より多くの時間を子どもの世話に費やすというそれまでの状況に大きな変化はありませんでした。また、子どもたちが母親と親密であるということは、それだけ母親の影響を受けやすいということでもあります。そして母親は一般的に、自身の生活を犠牲にして子どもたちの世話をします。一方で関わる時間の短い父親たちは子どもに対し、プレイメイト（遊び相手）として振る舞う傾向があったとアメリカの育児環境の変化について解説がされています。

そして、同レポートによると、現代では父親は、一般的に子どもの生存するためのスキルと問題解決を教えていることがわかっています。これらのスキルは、子どもたちが成長するにつれて学ぶために必要であり、非常に重要なものです。一方で母親は、子どもたちに感情的および関係を築くスキルを教える傾向がありました。そのため母親は一般的に父親よりも子どもと多く会話を行い、他人へのより多くの配慮と関心を示します。これらのスキルは、子どもたちが他者とコミュニケーションを取ったり、人々に共感したりする能力を育むことにつながります。父親は一般的にもっと実践的だと見られていますす。父親は遊び相手として子どもとより多くの遊びをし、一緒に身体活動をすることに時間を費やす傾向にあります。母親が子どもと話したり、質問したり、説明する時間を費やす可能性が高いのに対し、父親はあまり言葉を使わないといった特徴も見られたと言います。

人生の予期しないことに備えるよう教える役割

一般的に子どもを育てるには多くの忍耐が必要となります。そのことを理解している母親たちはほとんどの状況で子どもたちに対して、忍耐を示す可能性が高いと言えます。そして母親は子どもがもし不適切な行動を取ったとしたら、教育のため子どもにチャンスを与えようとします。一方で、父親は母親よりもずっと早く罰を出す傾向にあることもわかったと言います。子どもたちが泣くと、母親は思いやりと忍耐を示そうとし、父親は素早くそうなるとは限りません。

母親と父親が子どもを育てる方法のもうひとつの違いは、冗談に関係していると言います。母親は一般的に子どもたちと真剣に話し合いますが、父親は一般的にコミュニケーションの中で冗談を使おうとします。父親の行動は子どもにはあまり予測できませんが、ほとんどの子どもは母親から何が期待できるのかを正確に知っています。結果として父親の育児は、人生の予期しない出来事に準備するための教訓を子どもに授けることになると言います。

子育て支援の先進国・カナダが考える父親から子どもへの好影響

またカナダは、父親の育児支援に古くから積極的な国として知られていますが、「The Father Toolkit」という資料を作成し、父親が育児に参加することの意義や、子どもに与える影響について言及しています。それによると、子どもの認知機能の発達や、学業成績の向上、情動の発達、友だちなど他者とポジティブな関係を築く力、忍耐力、そして、共感して他人と関わること、などとあわせて、「問題解決能力」の育成もあげられています。

問いかけ法02

「そうだね」「どう思う?」「確かめよう」問題解決を促す問いかけの3ステップ

子どもたちや学生を長年にわたって見てきましたが、問題解決力の衰えは近年とくに感じるようになってきたというのが、正直な印象です。問題を解決する以前に、そもそも問題を見つける力が弱くなってしまっているようにも見えます。何が問題なのかを明確にできなければ、解決へ向けた行動もはじまりません。

親や教師からこれをやっておきなさいと問題が出されたときには、いまの子どもたちはしっかりと取り組んでくれます。むしろ以前と比べると、いまの子どもたちは非常に真面目で、優秀な印象さえあります。しかし反対に、問題を提示されないと何をすればいいのかわからず、途方に暮れてしまう子どもや学生が数多くいるというのが特徴です。

子どもの素朴な疑問も大人にとっては不毛でどうでもいいこと

どうして、こうなってしまったのでしょうか？　私は親の関わり方がひとつの要因だと考えています。子どもはいつの時代も好奇心旺盛で、日常の中に潜む、〝はてな〟を探すのが得意です。先日も子どもたちから質問を受け付けて回答していくラジオ番組を聞いていたのですが、「蛇の尻尾は、どこからが尻尾なんですか？」とか、「へその緒はお母さんのものですか？　それとも僕のものですか？」とか、「シマウマは肌が白く、そこに黒い毛が生えているんですか？　反対に肌は黒く、白い毛が生えているんですか？」といった、非常にユニークな質問をする子どもたちが出演していました。大人からはなかなか出てこない発想の疑問ばかりで、とても感心しました。

こうした素朴な疑問を持つ子どもがいる一方で、周囲の大人によって知らず知らずのうちに〝はてな〟を見つける力を潰されてしまっている子どもが、たくさんいるのではないでしょうか？　子どもの疑問は彼らにとっては気になって仕方がない切実な問題ですが、多くの大人には不毛で、どうでもいい疑問として映ります。また彼らから生まれる〝はてな〟を上手に引き出そう、生かしてあげようといった発想が乏しくなってきているという印象があります。

そのため、子どもから「蛇の尻尾って、どこからが尻尾なの？」と尋ねられても、生返事をしたり、「知らないよ。そんなこと、どうでもいいよ」と、まともに相手にしようとしない親が少なからずいます。家事や仕事が忙しく、やむを得ず、気のない返事になってしまうこともあるでしょうが、そのような態度が続くと、せっかく着目した疑問や問題を子どもたちは忘れていきます。そして、次第に積極的に疑問を出すこともやめてしまいます。どうせ誰も相手にしてくれないからです。こうなると、自分で疑問を解決しようという意欲も到底、湧いてくることはありません。

また、少子化も子どもへの関わりが変化した一因となっています。子育てがより丁寧に、悪い言い方をすれば、子どもに干渉しすぎるようになりました。要するに過保護になったのです。兄弟が３人、４人いるような時代には、親がひとりひとりと向き合う時間がいまよりも短かったと言えるでしょう。昔の親だって、子どもの〝はてな〟を潰すことはありましたが、相手をする時間が短かった分、子どもは疑問を持ち続けることができました。

子どもが多ければ、トラブルも日常的に起きます。大家族を追ったテレビのドキュメント番組を見ていれば、一目瞭然でしょう。親が仕事や家事に追われている間に、常にケンカをしながら、子どもたちなりに問題解決をしていきます。子どもが複数いる家庭が、一本の羊羹をお土産でもらったとします。ひとりっ子だったとしたら、何の問題もなく、好きなだけ食べることができるでしょう。

ですが、子どもが多い家庭では、どう切り分けるのかという話になります。均等に切り分ける必要があり、大きさが違うだけでケンカになります。親が不在なら、子どもたちだけでこの問題を解決していくことになります。誰が責任を持って分けるのか？　切り分けたものを年長者から取っていくのか？　それともじゃんけんで取る順番を決めるのか？　解決法は子どもたちに委ねられます。こうした問題は次から次へと起こり、親がすべてを仲裁してくれるわけではありません。図らずも、子どもたちは自分たちの力で問題解決力を磨いてきたわけです。

子どもの問題やトラブルの種を先回りして取り除く親たち

対して、現代は子どもが減ったことで、親は子どもの世話に時間が使えるようになりました。親の愛情をたっぷり受けながら育つという面では良いのですが、面倒を見すぎることで、子どもの問題解決力が育たないのです。子どもが困っていると、すぐに世話をしてあげたり、答えや解決策を提示してあげる、そんな親を見ることはないでしょうか？　育児に誠実な親ほど、子どもがつまずく前に、問題やトラブルに直面する前に、先回りして対応しがちなのです。

では、過保護に注意し、どのように問題解決力を育んでいけば良いでしょうか？　問題を解決するためには、まずは問題を見つける力を育むことが大切ですが、こうした力は日頃から子どもに、さまざまなことを体験させることが重要となります。なぜなら基本的に問題や疑問というのは何かトラブルに直面したり、未知なるものに出会ったときに湧き上がってくるものだからです。都会に住んでいるのなら、森など自然の中へ連れて行き、木登りをさせたり、植物や動物と触れ合ってみるのも良いでしょう。はじめて訪れた公園で、見知らぬ子どもたちと一緒に遊ばせるのも良い経験です。風習や食文化の違う異文化に触れることができる海外旅行も効果的です。慣れ親しんだ環境や友だちとの違いに気がつき、どうしてなんだろう？　と疑問を感じる機会が自然と増えていきます。

休日に家の中にいても、新たな気づきがやってくる可能性は低いでしょう。いつもと変わらない日常がただ過ぎていくだけです。少し歳を重ね、興味の対象がはっきりしてきたのなら、多様な経験をさせるだけではなく、特定の分野の経験を増やしていっても良いでしょう。山登りが好きなら、いろんなタイプの山に登ってみるといった具合です。

子どもたちに必要なのは成功体験よりも失敗体験

また、いろいろな体験をさせるときには、できるだけ失敗する経験を積ませることが大切です。親は子どもの成功している姿を見たいので、できずに苦労したり、上手くいかない様子を見ていると、もどかしくなりついアドバイスをしたり、手助けしたくなってしまいます。しかし、自分で問題を解決していく力というのは、むしろ失敗を重ねることで身についていきます。どうすればできるんだろうと考え、自分なりに工夫しはじめるからです。したがって、親は問題と向き合い、壁にぶつかっているわが子に気づいても、手助けしたい気持ちをグッと抑えて、見守る姿勢を貫くべきです。ここで「こうするのよ」とすぐ解答を与えてしまうと、失敗することを恥ずかしがったり、失敗が怖いと感じるようになってしまいます。

もちろんケガをしそうな危ない挑戦をしているのなら止めるべきですが、失敗を恐れず、失敗から学ぶことの大切さを教えていきましょう。私が教員をしていたときには、失敗から学ぶために、誰かのミスや失敗を材料にして、何が悪かったのか？ そんなときどうすれば良かったのか？ など、失敗から学ぶ時間を設けていました。ミスを指摘されると自分の至らなさに傷ついたり、上手にできなかった恥ずかしさを感じることがありますが、他人の失敗なら冷静にどうすれば良かったのか、問題点や対策をみんなで考えることができます。また事あるごとに「間違うことが勉強である」と子どもたちに話して聞かせ、少数意見も貴重な視点として扱うよう、努めていました。

子どもたちは先生が何か問題を出すと、褒めてもらいたい気持ちもあり、先生が考えている正解を答えようとします。これは子どもだけに見られる傾向ではありません。学生でも何かせっかく思いついても、自信や確信を持てない回答だと、勝手に「これは間違った答えだ」と思い込み、なかなか自分の考えを発言しません。答えは常にひとつだという観念が強すぎるのかもしれません。社会に出た大人ならわかりますが、答えや解決策というのは、いつも複数あります。むしろ答えがひとつしかないことのほうが稀でしょう。したがって、失敗を恐れずに、いろんな発想や知恵を出し合いながら、考えを深めていくことが大切です。そして、もし勉強につまずいている子がいれば、助けてあげることで、自分を高めていくべきです。子どもの頃から、そんなふうにみんなで学ぶことの意味を理解させることが、重要だと考えています。そして、間違っているかもしれない、だけど誰もまだ出していないアイディアを恥ずかしがらずに言える空間を作ってあげること。それが親や先生に求められる役割ではないでしょうか？

まずは疑問に共感を示して解決したい気持ちを刺激する

家庭では問題解決力を育むために、どんなことができるでしょうか？　ひとつは、子どもから質問を受けたら、「それは不思議だね」や「お父さんにも、わからないけど確かにおかしいな」などと、まずは共感を示してあげることです。答えを知っている質問であっても、父親も疑問に思っていたと、芝居を打つくらいのリアクションを取りたいところです。その疑問には直接、答える必要はありません。しっかりと子どもの質問を受け止める姿勢を共感の言葉を使いながら、表明してあげます。すると、子どもの中で、じゃあ調べてみようという気持ちが湧き上がってきます。

そして、続いて「どうしてだと思う?」と問いかけることで、予測や推測を促すことも大切です。ここで自分なりの意見が出せる子もいますが、「なんとなく、そう思う」と漠然とした答えを返してくる子どもがほとんどです。ただ自分の言葉やこれまで学んできた知識を使って、一生懸命、理由を考えるので、思考のトレーニングになります。推測の中身は問題ではありません。何か疑問が生じたときに、どうしてだろうと予測・推測することが、問題解決するための非常に重要なステップになります。

また、私たちが直面する問題には、自分の中から湧き上がってくる問題と、周囲からやってくる問題があります。後者の問題解決では、とくに予測や推測が重要となります。

たとえば、テレビの天気予報で「明日は大雪になるでしょう」と気象予報士が言っていたとします。そのニュースを聞いたとき、大雪が降ったら交通機関が乱れ、電車に遅れが出るかもしれない。そんな推測ができる子は問題解決力が高いと言えます。何か問題が発生したとき、その出来事から想像を膨らませ、こんなことが起きるかもしれないと推測・予測を立てるから、解決への行動が浮かぶわけです。「明日は雪が降るでしょう」という情報を聞いても、それが自分に降りかかる問題だとわからなければ、何も起こりません。

だから日頃から「どう思う？」「なんでなんだろう？」と子どもから疑問が湧くたびに、推測を促してあげることが必要になります。また、一度、大雪の影響で遅刻をしたことがあるといった、失敗経験を積んでいれば、翌日は早く出発しようとするはずです。

推測した答えが合っているのか検証してみるよう促す

推測が子どもから出てきたら、続いて行うのが検証の促しです。「早く確かめてみたいね」などと問いかけることで、子どもに調べさせます。もし化学で確認できるような疑問なら実験をさせましょう。文献を調べればわかることなら、図書館などに行かせても良いでしょう。ただし、大人は見守るだけで、「図書館に行きなさい」などと調べる方法を指示する必要はありません。すでに子どもたちは問題解決の意欲を持っているので、「調べてみたいね」という言葉だけで十分です。子どもたちも知恵をしぼって調べようとするはずです。調べ方もひとつではありません。どうすれば満足できる答えを導くことができるのか、試行錯誤させれば良いのです。それもひとつの勉強だと言えます。もし、子どもたちが調べたことを見て、内容に不足を感じた場合には、こんな方法もあるよと助言してあげましょう。

このように「どう思うの？」と予想させたり、どういうふうに調べるのか、計画を立てさせることで、問題意識が具体化していきます。具体化し、先が見えてくると大人の場合でも同じですが、やる気が出てきて、問題解決への気持ちが高まってきます。

また、子どもたちが調べてきたことに対して、100％の満足を与えないことも良い教育です。「なるほど、そういうことだったのか⁉ 知らなかったよ」と感心しつつも、「このことについては、まだわからなかったね」とか「次はこれをやろう」と声をかけることで、課題を残させるわけです。そうすることで、次の問題解決につながっていきます。ひとつ山を越えたら、また新しい山が見えてきて、それを越えていく必要がある。人生というのは、そんなものです。だから、問題解決の連続性を大事にすることも必要です。

問題解決の力が高い子どもは家庭での会話も多い

問題解決の力が高い子どもの特徴として、経験や体験の豊富さに加え、家庭での会話の多さ、それから本を読むなど、いろんな形で情報を収集する習慣を持っているという印象があります。また、授業で学んだことを日々の生活とつなげて考えられる子どもは、問題解決力が高い気がします。たとえば、歴史の授業で京都府宇治市の平等院鳳凰堂について学んだときのことです。建物を見て「10円玉に描いてある建物だ」と答えた生徒がいました。私が教える前にそのことに気がついたのです。教科書に載っている情報を、自分の知識と関連付けながら、考えることができているわけです。こうした知識を自分ごとにできる子は、知識をどんどん吸収し、なおかつそれが定着しやすいと感じます。

自分ごとにする習慣を付けるためには、親は生活の中でお金を使うときなどに「この硬貨には建物が描いてあるね」と子どもに問いかけるなど、日頃から疑問の種をまいておくのも効果的なのかもしれません。その他、家庭でできることと言えば、子どもに料理を作らせることです。料理を作るためにはメニューを考えて、材料を用意するために買い物にも行きます。そして、調理するときには食材の切り方、火加減、味付けなどを考えながら、進めていくことになります。レシピ通りに作れば、必ずおいしくなるとは限りません。また、料理という結果が最後に出るという点も、問題解決力を育むのに最適です。結果が出るには時間がかかりますが、植物を育てることも、成果が目に見えるため、おすすめです。

いまの時代は疑問に思ったこともスマートフォンで調べれば、すぐに答えが見つかります。道に迷っても、地図アプリやルート案内アプリで簡単に行き先や現在地を知ることができます。テクノロジーの発展により、子どもに限らず、意識的に問題解決力を伸ばしていかなければ、どんどん衰えていってしまうかもしれません。育児で必要なのは、「父性的な視点」と「母性的な視点」を使い分けながら、子どもを育てることです。父性的な視点とは厳しさであり、社会と関わりを持つこと。対する母性的な視点とは優しさであり、家庭にぬくもりがあることです。問題解決はとくに「父性的な視点」が関係します。なぜなら社会に出れば、次々と現れる問題を解決しながら、対応していかなければいけないからです。一方、家庭は安らぎの場所です。ご両親で役割を分担しながら、父性的な視点で問題解決力を育んでいきましょう。

もし「どうしてアメンボは水の上を歩けるの？」
という問いがあったら、「不思議だね」と答えつつ、
「どうしてだと思う？」と仮説を促す

その２「問題解決力を育む問いかけ法」まとめ

- 子どもがつまずく前に先回りして対応する過保護な親が増えている
- 問題を見つける力はさまざまな経験を積むことで育まれる
- 問題を解決する力を育むには、成功体験よりも失敗経験が重要
- 失敗から学ぶ大切さを日頃から伝える
- 疑問に共感して、子どもの解決したい気持ちを刺激する
- 「どうしてだと思う？」と問いかけ、予測や推測を促す
- 推測した答えが合っているか、自分で検証させる
- １００％の満足を与えず、問題解決の連続性を大事にする

第3章
道徳心・コンプライアンスを育む

レポート

父親の愛情不足で育つと
攻撃的で感情が不安定になる

米・コネチカット大学 人類学者ロナルド・ローナー氏

問いかけ法

しつけは叱ることではない。
思いが伝わる“しつけないしつけ”

<取材協力> KANSAIこども研究所所長
原坂一郎

レポート03

父親の愛情不足で育つと攻撃的で感情が不安定になる

米・コネチカット大学 人類学者ロナルド・ローナー氏

２０００年以降、エンロン事件など、世界的な企業不祥事の多発を受け、日本国内でもコーポレート・ガバナンス（企業統治）やコンプライアンス（法令遵守）に大きな関心が集まるようになりました。しかし、粉飾決算、性能偽装、リコール隠し、個人情報流出など、法令違反や企業内ルールを逸脱することで起きる不祥事があとを絶ちません。一度、こうした不祥事が起きると、消費者や取引先からの信用が失墜し、業績も悪化。事後の対応次第では、事業の存続が危ぶまれるケースさえあります。

そのため、コンプライアンスの遵守・保持をリスクマネジメントの観点から、経営の最重要課題のひとつにあげる企業も増えています。こうしたコンプライアンスへの対策では、チェック体制の見直しや人員配置など、組織のマネジメント強化に加えて、社員ひとりひとりが法令を遵守する意識の改革も重要な対策となります。いわば社会人としての良識や道徳心が試されるわけです。そして、「ルールを守る」といった人としての基本的な力である「道徳心」については、幼い頃のしつけや体験がベースとなって形成されるため、家庭での育児が大切になります。

子どもの性格は父親によって決まる!?

子どもが生まれると、性格や容姿を見た周囲の大人たちが、「父親似」あるいは「母親似」などと、どちらに似ているかについて、話題にすることがよくありますが、人類学者で米・コネチカット大学の名誉教授を務めたロナルド・ローナー氏の研究によると、子どもの性格は父親によって決まると言います。同氏は、一般的に親の育児での「受容（子どもの存在を受け入れて保護しようとする態度）」と「拒絶（子どもの存在や振る舞いを受け入れることができず拒否してしまうような態度）」から、導き出された3つのテーマの質問を被験者の家族に対して行ったと言います。それが「人格形成に関する子どもの親に対する認識」と「人格形成に関する親の記憶」、そして「子どもの人格形成が両親の性別によって変化するか」を調査する質問でした。

そして、調査結果を分析すると、非行や不安感、低い自己評価、そして攻撃性といった子どもが抱える主なトラブルは、父親から愛されていないと感じながら育った場合に、より顕著に現れることがわかりました。そのような環境下で育った子どもたちは、より攻撃的で感情が不安定になる傾向が見られたと言います。また、子どもが健やかなパーソナリティーを形成するには、父親からの愛情が鍵であり、子どもの性格は父親によって決まると結論づけました。

そのほか、フロリダ大学のケイト・フォガティ氏とガレット・エヴァンス氏も父親の育児での役割について考察したレポートの中で、父親の役割は以下の5つに分類されるとしています。まずは問題解決者としての役割です。父親には子どもにどのように意思決定をし、行動するか、自身の経験をもとに見せる機会を持っています。このプロセスの中で、子どもは責任感や自立心を育んでいくことになります。そして、問題解決力が不十分な子どもや大人はしばしば貧困になり、他人に依存する生活を送るようになると彼らは指摘します。

続くもうひとつの役割がプレイメイト（遊び相手）としての父親像です。エネルギッシュな子どもたちの遊びには、母親よりも父親が付き合う傾向にあります。とくに子どもを持ち上げてスイングするといった筋肉を使う物理的な遊びを一緒にするのは、体力がいります。さらにプレイメイトとして接しているときには、こんな利点があります。遊具などできちんと順番に並ぶよう指導するなど、遊びの中で秩序やルールを教えていくことができるわけです。父親は子どもの自立、独立、社会性、そして情緒の成長についての大きな目標となり、遊びながら会話を重ねることで、感情的な絆を作ることができると説明します。

３つ目は節操のあるガイドとしての役割です。家庭の中で父親は『お父さんに叱ってもらうから、お父さんが帰ってくるまで、そのままで待っていなさい！』などと、母親から子どもへの脅威としての役割を与えられることがあります。こうなると叱りつける厳格な親を演じる必要に迫られますが、父親をそのように使うべきではないとケイト・フォガティ氏らは言います。子どもの問題行動が、親に対する感情的反抗の結果である可能性があるからです。したがって、信頼関係のない親子関係に陥ってしまう危険性があります。そのため、子どもの模範的なガイドとして、親の権限を行使するときは、効果的に使用すべきと彼らは父親に自制を促しています。そして、子どもの道徳的社会規範の発達について、父親が重要な役割を果たすと指摘しています。

４つ目の役割はプロバイダです。ここ数十年の間に、母親も働きに出る割合が増え、共働きをしている家庭がアメリカでもさらに多くなっています。しかし、中には、母親に代わって家庭に入る父親もいます。家庭での父親は、お金以外にも食事や家など、さまざまなものを子どもたちに提供するプロバイダ役になるという説明を彼らはします。

そして、最後は準備者としての役割です。父親は子どもたちに教育や将来の就職に関するアドバイスを行います。彼らが確実に成功できるようサポートします。とくに子どもが10代になると、社会に出る準備をはじめます。そこで自身の経験をもとに、人生の教訓や道徳的な指導をすることになるわけです。

父親の力で子どもの犯罪行為や問題行動を減らすことができる

そのほか、スウェーデンのリック・ナワート教授も「父親との関係が良好な子どもは犯罪行為や問題行動が少なく、学力も高く良い友人関係が築ける」というレポートを投稿しています。同記事によると、父親による定期的で明確な接触が、低所得の家族の子どもたちの犯罪率を減らし、知性や推理力、そして言語発達といった認知スキルが強化されると指摘しています。

最後に父親に特化した育児支援を積極的に行っているカナダの報告を紹介します。カナダでは保健省が中心となり、父親の育児参加を促すために2002年から2005年にかけて、「My Daddy Matters Because…」というキャンペーンが実施されました。また「Fatherhood：it's the best job on the planet.」（父親、それは地球上で最高の仕事）という標語を作成し、幅広い啓蒙活動が行われました。その中で、父親が子どもに多く関与すると、次の点で、子どもに良い影響を与えると報告されています。「子どもの認知機能の発達」「より上級の学校に進学することができる学業成績の向上」「問題解決能力」「情動の発達」「自分の行動に責任を持つこと」「衝動的でないこと」「自分の感情を適切にコントロールすること」「自己受容で落ち込まないこと」「社会的発達」「同僚とポジティブな関係を作ること」「攻撃的でないこと。忍耐力があること」そして、「共感して人に関与すること」と多くのメリットが列挙されています。

問いかけ法03

しつけは叱ることではない。思いが伝わる〝しつけないしつけ〟

社会のルールを守れる常識ある大人になれるのか？　それとも犯罪や法令違反を犯してしまうような残念な大人になってしまうのか？　幼少期のしつけが人格形成に及ぼす影響を考えると、どのような家庭環境で育ってきたかが、大きな違いとなって現れます。そのため「しつけ」は育児において、とても大切なものです。しかし、どうやってしつけていくのが正解なのか、明確な答えはなく、親にとっていつの時代も悩みの種です。また、しつけは結果が出るまでに長い時間がかかります。大人になった我が子を見て、良いしつけができたのか判断することしかできません。もっとこうすれば良かったのかもしれないと後悔しても、育児をやり直すことはできません。

さて、そんな〝しつけ〟ですが、多くの日本人は「しつけ＝叱ること」だと誤解している節があります。いつまでたっても教師による体罰や、虐待する親がゼロにならないのはそのためでしょう。虐待が発覚した親が、このように言い訳するのを見たことがあるはずです。「しつけのつもりでした……」と。怒りにまかせて、子どもの振る舞い・態度を改めさせることが「しつけ」だという間違った思い込みがあるから、こうした悲劇がなくならないわけです。

するべきことを、理由を添えて普通の言い方で繰り返し伝える

では、「しつけ」とはどういうものでしょうか？　それは〝するべきこと〟を〝理由を添えて〟〝普通の言い方で繰り返し伝える〟ことです。

たとえば、子連れでバスや電車に乗車したとします。走行中、目を離した隙に子どもが座席を移動しようと、勝手に通路を歩き出してしまいました。人に迷惑がかかる危ない行為です。こんなとき慌てて「何してるの！　どこに行くの！」などと叱責する人がいます。一見すると、ちゃんとしつけているように見え、賞賛されることもありますが、これはただ怒っただけ、文句を言っているにすぎません。

きちんとしつけをしたいのなら、「危ないから、こっちに来なさい」で良いのです。「こっちに来なさい」がすべきことで、「危ないから」がやってはいけない理由ということになります。そして要求は声を荒らげることなく、普通の言い方で伝えることも大事です。そのほうが子どもによく伝わるからです。

しつけはなぜ、「するべきこと」を「繰り返し伝える」のが大事かといえば、子どもたちはまだ人生経験が浅く、どう振る舞うべきか知らない、あるいはわかっていないからです。大人にとっては当たり前なルールでも彼らにとっては、知らなかったことが多いのです。私たちが常識のように思っているルールも幼い頃から、何度も繰り返し、親や周囲の大人から注意されてきたから、身についているにすぎません。生まれながらにして、誰もが体得しているルールではありません。ただ知らなかっただけの相手に向かって、頭ごなしに叱ってもまったく意味がありません。道に迷っている人に対して、誰も怒鳴って道案内などしないはずです。

会社でも同様です。頭ごなしに部下を怒鳴る上司がいますが、得意げなのは当の上司だけです。頭ごなしに物を言う人は、とにかく相手から好かれません。きっとその上司は陰口を言われていることでしょう。また、より効果のある伝え方は、普段は優しいけれど、本当に強く注意したいときだけ怖い態度を取ることです。こうした態度を取るのが得意なのが、父親です。いつもは優しいけれど、怒るときは怖い。実際にそんな態度で接しているという父親も多いのではないでしょうか？　母親は子どもと接する時間が長いだけに、いつも同じ調子で叱ってしまう傾向があります。そのため効果も薄れ、注意しても子どもは馬耳東風になりがちです。

もちろん父親のいない家庭も珍しくない時代で、父親がいたとしても、ろくでもない父親もいます。一本調子に怒るだけの父親もいると思います。親子の関係が上手くいっていない場合、たいていは父親の側に原因があります。父親が育児に変な関わり方をするくらいなら、関わらないほうがいいと言えます。したがって、すべての父親の育児に良い効果があるとは考えられません。父親が子どもと接する時間が長くなれば、良い関わりができるチャンスが必然的に増えます。あくまで問われているのは、父親のあり方です。ただし、これまで母親の育児について議論されることはあっても、父親の育児について深く議論されることはほとんどありませんでした。こうして父親の育児の効果にスポットが当たるのは良いことではないでしょうか。

やってはいけない理由は2秒で言える短いフレーズで

理由を説明してすべきことを伝えるときに、長々と話しても、子どもの耳には届きません。〝邪魔になるから〟やめなさい、や〝落ちたら危ないから〟降りなさいといった具合に、２秒程度で言えるような短いフレーズを使うことを意識しましょう。そのほうが簡潔で、子どもでも理由がはっきりと理解できます。牛乳の入ったコップを持って歩いている子どもに「気をつけなさいよ！」とただ注意するのではなく、〝こぼれるから〟と、理由をひと言、加えるだけで、慎重になってくれるはずです。

「理由を添える」のは、子どもたちはどうしてその行動がダメだったのか、十分に理解していないからです。したがって「なぜ走ってはダメなのか」「どうして暴れたらいけないのか」など、事あるごとに伝えてあげることが大切なのです。とくに日本人は遠回しの表現を使いたがります。たとえば、テーブルに足を乗せている子どもがいた場合など、母親がこんな叱り方をしているのをよく見るのではないでしょうか？「だーれ、そんなところに足を乗せているのは⁉」と。手を離れてどこかに行こうとする子どもには「○○ちゃん、どこ行くの⁉」と言います。あるいは、幼稚園で先生が話そうとしているときにおしゃべりをしている児童がいたら、先生から「だーれ、おしゃべりしているのは⁉」などと注意されるのではないでしょうか？　言いたいことを直接言わず、そんなふうに遠回しの言い方で注意することが、日本の文化になっています。

一番やってはいけないのが5W1Hを使った叱り方

「誰」や「どこに」など、こうした5W1Hを使った質問形式の叱り方が、ついやってしまいがちなしつけです。5W1Hとは、誰（who）、いつ（when）、どこ（where）、何を（what）、どうして（why）、どうやって（how）を使って尋ねる質問のフレーズです。日本人は怒ったときに、この5W1Hを使って叱りがちですが、するべきことを知らない子どもたちは、この言葉を聞いたときに、どのように振る舞うでしょうか？

「だーれ、そんなところに足を乗せているのは？」と聞かれたら「ぼく」と答え、「だーれ、おしゃべりしているのは？」と聞かれたら、「○○ちゃん！」と、おしゃべりしていた子どもの名前を素直に答えるでしょう。子どもたちは言葉を額面通りに受け取り、質問されたのだと勘違いします。これでは注意していることになりません。きちんと、どうすべきだったのかを伝える必要があります。欧米ではおしゃべりしている子がいたら、「Be quiet!（静かにしなさい！）」と直接的に注意します。「だーれ」と言われて、事情を察してすぐに正そうとするのは大人だけです。もちろん大人同士の対話でもあまり使うべきではありません。５Ｗ１Ｈはすべて文句のように聞こえてしまうからです。

夫婦ゲンカが起きるときには、往々にしてどちらかが５Ｗ１Ｈを使って質問することで、不満をぶつけています。仕事で帰宅が遅くなってしまったとき、家に着くなり、奥さんから「いま何時だと思ってるの!?」や「こんな時間まで何をしていたの!?」「どこに行ってたのよ!?」などと５Ｗ１Ｈを使って詰問されたとしたら、どう思いますか？「仕事で遅くなっただけだよ！」と、つい語気を強めて、反発したくなるのではないでしょうか？　こういうとき奥さんから「遅くなるときは電話してね。心配するから」などと、理由をつけて、「すべきこと」を丁寧に言われたら、「わかった、次からそうするよ」と、反抗心は芽生えず、素直に返事できると思いませんか？

街中で起こるいざこざやトラブルも同様です。誰かの家の前に車を停めてしまった人がいるとします。気づいた家主は憤慨して、持ち主を見つけるなり「なんで他人の家の前に停めるんだ！」とか「どこに停めているんだ!?」などと、5W1Hを使って注意しがちです。そんな言い方で注意されると、停めたほうが悪くても、「うるさいな！ちょっと停めただけじゃないか！」と、つい反発したくなってしまいます。売り言葉に買い言葉で、大きな揉めごとに発展することもあります。それが「うちの車が出せないので、移動させてください」と、丁寧にするべきことを言われると、不思議と反発する気持ちは湧き上がってきません。

一度でできなくて当たり前。問題行動の抑制には時間が

また、ポイントは普通の言い方をすることだと説明しましたが、それではうちの子ど

もは言うことを聞いてくれないと思う人もいるかもしれません。「私だって、怒鳴りたくて怒鳴っているわけじゃない。大声を出さないと聞いてくれないから……」と。本当にそうでしょうか？　怒鳴ったほうが迫力もありますし、確かに即効性はあるかもしれません。ただし、怒鳴り声にビビってその場は行動を改めることがあるかもしれませんが、その子はまた同じことをするでしょう。むしろ、今度はより激しい言い方をしないと聞いてくれない子どもになっているはずです。やってはいけない行為だと理解したからやめていたのではなく、その子はただ親の剣幕に驚いてやめたにすぎないからです。

有名な「北風と太陽」のイソップ童話と同じ理屈です。北風は旅人の上着を脱がせるために、力いっぱいの強風で上着を強引に吹き飛ばそうとしました。時間のかからない手っ取り早い方法だと思われましたが、服を飛ばすことはできませんでした。一方、太陽はさんさんと照りつけることで気温を上昇させて、旅人が暑さで自ら上着を脱ぐまで待つという方法を選択しました。結果、太陽が勝利しましたが、この逸話から相手を思い通りに動かすためには、けっこう時間がかかるということが学べます。

しつけでも、子どもは一度や二度、注意したくらいでは変ってくれません。何度も何度も繰り返しインプットしてあげることで、ようやく身についていきます。とくに3、4歳の子どもは欲求に従って、すぐに実行したがります。暴れたい。拾いたい。触りたい。なめたい……。思い立ったら、すぐに行動を起こします。理性がまだ十分に発達しておらず、本能が優先するからです。汚いからやめておこう。迷惑がかかるからやめておこう。そんなふうに欲求をコントロールできるようになり、社会性が身につくようになるには、長い時間がかかります。子どもにとっては我慢を強いられる理解しがたい社会のルールです。親にとっては教え込むのにとても根気がいることですが、仕方がありません。もしも、数回で言うことを聞いてくれる子どもがいたら、5歳になる頃には何でもできる神様のような存在になっていることでしょう。

ちなみに言葉が伝わらない赤ちゃんと接する場合も、伝え方は変わりません。母親の髪の毛を引っ張ってしまう赤ちゃんがいたとします。しつけを叱ることと考える人は「ダメ、痛いでしょ。お手手パッチン」などと言いながら、手を叩く真似をして、赤ちゃんの手を髪から離そうとします。でも、しつけは「伝える」ことですから「ママ、痛いから、お手手は離してね。お手手パーよ」といった表現でいいのです。優しい言葉を使いながら、ここでも〝痛いから〟という理由を添えます。言葉が通じない赤ちゃんにそんな言い方をしても意味がないと思うかもしれませんが、繰り返し伝えていけば、いつかはわかってくれるようになります。

しつけることにルールはありません。何を注意するのか、何を教えていくべきかは、家庭それぞれで決めれば良いと思います。常識のある親が子育てをすれば、必ず常識のある子どもに育ってくれるものです。子育てでは親の常識が問われることになりますが、必要以上に気にすることはありません。スーパーマーケットのタイムサービスで「特売品はひとりひとつでお願いします」とアナウンスされているのに、2個も3個も持って行くような親に育てられたら、しつけもあったものではありませんが、多くの人は、ルールを守って1個としますよね？　それで良いのです。

特別なことは必要ない。〝しつけないしつけ〟とは

私はこうした伝え方を「しつけないしつけ」と呼んでいます。そのような表現をすると、何か特別なしつけのように聞こえるかもしれませんが、こうした親子の関わりは、昔から広く行われてきたことではないでしょうか？

たとえば、礼儀正しいお子さんをお持ちの親御さんが周りにいたら、「良いしつけをされてこられたんですね」と聞いてみてください。きっと「いえいえ、私たちは何もしていませんよ」と答えるにちがいありません。謙遜ではなく、それが本音でしょう。なぜなら、しつけだと意識することはなく、日頃の会話の中で、大切なこと、教えるべきことを伝えてきただけだからです。反対にトラブルを頻繁に起こすような悪ガキの親ほど「しつけだけは厳しくしてきたつもりなんですけど……」と、吹聴しているはずです。

しつけの問題で常に批判の的となるのは、若い世代です。「いまの子どもはマナーがなってない。我々の子どもの頃は、厳しくしつけられたものだ」といった年配者の嘆きの声を耳にする機会も多いはずです。ですが、本当にそうでしょうか？　どの世代も自分たちの世代が一番まともでちゃんとしていると言いがちです。それは太古の昔から変わりません。いまの年配者が子どもの頃にも、上の世代から同じようなことを言われていたのです。どの世代でもトラブルを起こす人たちはいます。大多数が常識のある人であっても、どうしてもそんな悪い行動や振る舞いは目立つため、多くの人がそうであるような印象が残ってしまうのです。

近年、成人式で暴れる新成人が報道される機会も多くなっていますが、そのような成人式も全国的に見れば非常に稀です。残りのほとんどの成人式では目立ったトラブルは起こっていません。あくまで一部の荒れた成人式にスポットが当たって、頻発しているように感じているにすぎないのです。

また、マナーやしつけの問題では、若者や子どもに注目が集まりますが、高齢者のマナー低下も叫ばれています。年配者は口々に「私たちの頃は、親が厳しかった」から、自分たちは道徳的だと言います。しかし、高齢者の犯罪は年々増加しています。そんな現状を見れば、厳しく育てられれば、必ずしも常識ある立派な大人に育つわけではないのは、明らかです。

女の子には反論せず一度、共感してあげること

父親が男の子をしつけるとき、そして女の子をしつけるとき、性別によってアプローチを変えることをおすすめしています。たとえば、こんな経験はないでしょうか？　奥さんやパートナーに何か小言を言ったら、毎回、言い返されてしまい、売り言葉に買い言葉でケンカに発展してしまった。あくまで私の経験則ではありますが、女性は頭ごなしに否定されることを嫌がる傾向にあります。

私が保育園で、あるいは家庭で学んだことは、女性たちが反論してきたら、まず一度共感してあげるという対処法です。反論を受け入れ、「確かにそうだね」と共感を示すだけで、落ち着いてくれます。この対処法に相手の年齢は関係ありません。幼い女の子でも、しつけの際には、一度共感を示してあげることで、素直に指摘を受け入れてくれると思います。髪型を変えた女性が帰宅するなり、「どう？」と新しい髪型をアピールしてきたとします。こんなときの「どう？」は感想を求めているわけではありません。「似合っているよ」と、あくまで共感や褒めるひと言が欲しいだけです。ここで「もっと明るい色のほうが僕は良いと思うけどな」と指摘しても、機嫌を損ねるだけです。髪型を見て、本当にそう思ったとしても、最初からそれを言うべきではありません。もしどうしても自分の意見を伝えたい場合も、一度、「似合っているね」と共感を示してから、「でも、もっと明るい色のほうが似合うかもしれないよ」と添えるようにしたほうが良いでしょう。

男性から見ると、女性は「3H」な存在として映るというのが、私の見立てです。ひとつ目の〝H〟。それは、女性は「表情と心の中が違う」ということ。たとえばデートで遅刻してしまったときに、「いいわよ」と言葉では許してくれたように見えたとしても、心の中では相当、怒っていることがよくあります。こんなとき男性が女性の言葉をそのまま受け取ってしまうと、怒っていることに気がつかないのです。そして、男性が女性の怒りに気がついたときには手遅れ。すでに怒りが修復不可能な段階まできているということがあります。女性が笑顔になったとき、心の中は全然違うかもしれない。そんな想像ができるだけで、関係がかえって良くなっていく可能性が高まります。

二つ目の〝H〟は「花一輪で笑顔になる」ということです。女性は自分のために何かをしてもらうのが好きで、それが花束ではなく花一輪だったとしても、とても喜んでくれます。もちろん男性だって、何かをしてもらうことはうれしいでしょうが、その喜びを大きく表現する男性は少ないですし、花一輪をもらって満面の笑みになることはあまりないと思います。

そして、3つ目の〝H〟が「否定されると逆ギレする」です。たとえば、こんな光景を見たことがあります。女子高生が街中で子猫を見つけ、「猫ちゃん、おいで！」と呼びかけて、可愛がろうとすると、その猫がぷいっと行ってしまい、女子高生は途端に不機嫌になり、「何よ、あの猫！」と瞬時に逆ギレしたのです。私はしばしば女性のそんな姿を見かけます。女性は自分の持ち物や髪型から、意見や気持ちまで、それを否定されると笑って済ますことができないようです。もちろんすべての女性に当てはまるわけではありませんが、こうした見立てがあると、女性や女の子と上手くやっていく際の手助けになると思います。

ちなみに女性が「３Ｈ」なら、男性は「３Ｋ」です。ひとつ目のＫは「汚いことをする」です。汚れた手を服で拭いたり、落ちている棒切れや葉っぱを拾って遊んだりするのは、男の子のほうが圧倒的に多いでしょう。泥んこになるのもへっちゃらなのも男の子ですよね。二つ目のＫは「すぐ危険なことをする」です。男の子は冒険をしたがったり、危険を顧みず、無茶なことをよくします。そして、最後は「奇妙なことをする」です。マラソン大会のテレビ中継を見ていて、ランナーと一緒に沿道を走っている人が映り込むことがあります。そのほとんどが男性ではないでしょうか？　私は女性でそんなことをしている人は、見たことがありません。友だちに「カンチョー！」と言ってふざけたりするのも男性です。「カンチョー！」をする女性は私は見たことがありません。いずれも男同士の場合は気にならないことばかりなのですが、女性にとっては不思議でたまらないことばかりのようです。

男の子には理屈でダメな行為を注意する

そんな男の子へのしつけで親が意識すべきことは、「理屈」を使うことです。たとえば、おもちゃをガンガンとぶつけながら遊んでいる子がいて、物の扱い方を注意したいときに「何やっているの！　そんなことしたら、もう買ってあげないよ！」と言っても、なかなかやめようとはしないでしょう。でも、「壊れたら、それでもう遊べなくなるよ」と理屈で注意すると、やめてくれる可能性が高まります。とくに『壊れる』とか、『もう使えなくなる』など、その行為が「自分の不利益」につながることを匂わせてあげると、深刻さが伝わり、やめようとします。

会社でも報告書が上手に書けない部下がいた場合、それが女性社員なら「いつもやってくれてありがとう。丁寧な字でまとめてくれているね。でも、この余白がもったいないかな?」といった具合で、共感を示してから改善点を伝えると効果的です。それが男性社員なら「こうすると全体のバランスが悪くなるから、空白も等間隔にしたほうが見栄えがいいんじゃないか」などと理屈で指摘すると、成長していってくれると思います。そんなふうに男女、それぞれの特徴を考慮に入れながら、対処法を変えると上手くいくと思います。

褒めるときは当たり前の行動をリフレインしてあげる

日頃のしつけと同じくらい大事なものとして、褒めることがあげられます。褒めるのが、苦手だという人もときどきいますが、ポイントを押さえれば簡単に実践できます。たとえば褒めるときに「えらいね」「すごいね」「かしこいね」「きれいだね」といった具合に、ただひとつの形容詞で褒める人が多いのですが、これでは〝何が〟えらいのかわかりません。そこで、形容詞だけで褒めるのではなく、子どもがやったことをそのまま言葉にしてリフレインしてほしいと思います。

たとえば、診察で訪れた病院の待合室で静かに待ってくれたことを褒めたいなら「すごいね」「できたね」ではなく、「最後まで座って待っててくれたね」と、その事実を言えば良いわけです。近所の人に挨拶ができたときも「えらいね」ではなく、「こんにちはって言えたね」と指摘してあげましょう。難しいことは何もありません。その子がやった行動をそのまま口に出してあげるだけで、きちんと認めてあげたことになり、褒めたことになり子どもは自信を持つことでしょう。

また、何を褒めたら良いのかわからないといった声もよく聞きます。特別に何かができたときに褒めようとするから、褒めどころが見当たらないのです。実は褒めるべき点というのは、普段やって当たり前な行動の中にこそあります。近所の人への挨拶などもそうですが、日常の中できちんとできたことを褒めてやれば良いわけです。やらなかったときに叱るのではなく、やったときにその行動をリフレインしてあげます。それがポイントです。そうやって考えると、褒めることは無数に出てくるはずです。しかも子どもは褒められたことを繰り返す習性があるので、気がつけば望ましい行動がどんどん自然と身についていきます。

日本の家庭では、まだまだ父親が育児に関わる時間が短いと言えます。父親が子どもと接する時間が長くなればなるほど、良い関わりができるチャンスも増えていくでしょう。現状では母親のほうが子どもと接する時間が長いため、どうしても育児は母親の価値観で進みがちです。ヘアスタイルや洋服の決定はもちろん、考え方や倫理観まで、母親の影響を大きく受けます。ですが、父親にも子育てに対する価値観やポリシーを持っているはずです。仮に母親と違っていたとしても、その多くは正しいものばかりです。自信を持って、父親もその価値観をもっと発揮できる機会を設けるべきです。必ず子育てにプラスの効果があるはずです。

叱りたい気持ちをグッと抑えて、
「通路にいたら邪魔になるから、こっちに来なさい」と、
やってはいけない理由をきちんと説明しながら、優しく諭す

その3
「道徳心・コンプライアンスを育む問いかけ法」まとめ

- 日本人は〝しつけ〟を「叱ること」だと誤解している
- 「しつけ」とは、〝するべきこと〟を〝理由を添えて〟〝普通の言い方で繰り返し伝える〟こと
- やってはいけない理由は2秒で言える短いフレーズで
- 5W1Hを使った質問形式の叱り方が、一番やってはいけない
- 一度でできなくて当たり前。問題行動の抑制には時間がかかる
- 日頃の会話の中で大切なことを伝える「しつけないしつけ」
- 女の子には反論せず、一度、共感してあげること
- 男の子へのしつけでは、「理屈」を使うと効果的
- 褒めるときは当たり前の行動をリフレインしてあげる

第4章

挑戦意欲を育む

レポート

成長期に父親とたくさん交流した子どもは挑戦意欲が高い

オックスフォード大学の研究チーム

問いかけ法

子どもがチャレンジ意欲を失ったら「本当に好きか？」を問いかける

<取材協力> NPO 法人 市原アカデミー サッカー指導者
池上 正

レポート04

成長期に父親とたくさん交流した子どもは挑戦意欲が高い

オックスフォード大学の研究チーム

はじめてのことに挑戦する。あるいは上手にできないことをやってみる。そんなとき子どもは未知の体験に不安を抱き、躊躇しがちです。しかし、中には積極的にチャレンジができる子がいます。保守的な子どもと、挑戦意欲のある子どもでは、後者を望む親が多いのではないでしょうか？　なぜなら、社会に出れば、むしろこうした現状を打破する行動力やチャレンジ精神は高く評価されるからです。とくに日本では経済成長の停滞感や人手不足からくる人材難もあり、挑戦意欲を持った人は重宝されています。そのことを大人なら誰しもよく知っているはずです。このような挑戦意欲についても、成長期に父親とたくさん時間を過ごした子どもは、その能力を備えているといった研究報告がされています。

イギリス国立児童発達研究所が30年間にわたって行った、7歳、11歳、16歳の児童約1万7000名を対象にした追跡調査のデータを分析し、成長期に父親とよく交流する子どもの傾向を発表したのは、英オックスフォード大学のチャールズ・オポンド氏らの研究チームです。彼らは「父親の性格を探り」「社会的養子縁組による早期育児への関与」そして「発達的な視点から9歳と11歳の子どもの行動成果」を調べる目的で、追跡データの分析を行いました。

まず父方の関与が測定された因子分析によって得られた因子得点を用いて、育児参加する父親の反応や理解、そして子どもの気持ちなどを分析することにしました。その結果、成長期に父親とよく交流する子どもは「非行に走らず学業成績が優秀」「人間関係が良好」「新しいことへの挑戦心・達成意欲が高い」という特徴が見られ、成人してからは「自身の能力を発揮する職業につき、結婚して幸せな家庭を築く」という傾向が強く見られたと言います。

子どもに新しいことを経験させる意義

また、小学生の頃の父親の役割について考察されたレポートもあります。子どもが学童期の頃には、父親は、子どもに新しいことを経験させて、しかも自分ひとりでするように促します。それができるようになれば、子どもには自信が生まれ、さらに子どもたちは、自分の感情をコントロールして、その行動を責任を持って成し遂げるようになります。この時期に父親が十分に関与すると、自分の成功や失敗は、もっぱら自分の努力が原因であることを理解して、他人のミスを責めなくなります。

そして、父親は、子どもに勤勉の意識を教え、技術を学べば目標を達成できることを教えます。子どもが、新しい挑戦に果敢に立ち向かう能力と自信を獲得するための努力を積み重ねるかどうかは、この時期の父親の関わり方が非常に重要な意味を持つことになると報告されています。

さらに、子どもの道徳的社会規範の発達についても、父親が重要な役割を果たします。子どもに直接に教えたり、自分で手本を示すことによって、正直に誠実に努力すれば、その報酬が得られることを教えることができます。学校へ行く年代の子どものうち、父親が多く関与する子どもは、学業成績が良い子どもだと考えられます。

したがって、父親が子どもに関与すればするほど、子どもの認知能力や学業成績は向上し、社会に出てからの成功のチャンスが高まるといえます。さらに具体的に見ていきましょう。子どもが6歳のときに父親が子どもに積極的に関与すると、子どもが7歳のときの知能指数ＩＱや学業成績に良い影響を与えるというレポートもあります。また、子どもが7歳のときに父親が子どもに積極的に関与すると、子どもが7歳のときや11歳のときのＩＱに良い影響を与えるという報告もあります。そのため、アメリカ合衆国父親センターとアメリカ合衆国ＰＴＡは、父親が学校に関与する度合と子どもの学業成績との関係を調査した結果、父親が学校への関与を増やすように働きかけているそうです。

子どもの頃の体験はその後の人生に影響を与える

子どものときの父親との時間の共有が大人になるまで、継続して効果を発揮するのでしょうか？　国立青少年教育振興機構では、幼児期から義務教育修了までの各年齢期における多様な体験とそれを通じて得られる資質・能力の関係性を把握し、学校や地域、家庭において、どの年齢期にどういった体験が重要になるのかを明らかにするため、青少年の発達段階に応じた適切かつ効果的な体験活動の推進に関する調査研究を実施しました。

小学校高学年から高校生までの青少年約1万1000人に学校を通した質問紙調査を行いました。その結果、子どもの頃の体験が豊富な大人ほど、やる気や生きがいを持っている人が多いというデータが得られました。そして、子どもの頃に「自然体験」や「友だちとの遊び」などの体験が豊富な人ほど、「もっと深く学んでみたい」といった意欲・関心が高くなる傾向が見られました。そのほか、子どもの頃の体験が豊富な人ほど、「どんなことも、あきらめずに頑張れば上手くいく」と回答した人の割合が高くなる傾向があります。

最終学歴が「大学や大学院」と回答した割合も高く、現在の年収が高いということもわかりました。1カ月に読む本の冊数が多くなるというのも特徴です。そのほか、友だちの数が多い子どもほど「学校が好き」と回答した割合が高く、憧れる大人がいると答えた子どもほど「自分にはなりたい職業や、やってみたい仕事がある」と回答した割合が高くなる傾向が見られたと報告されています。

問いかけ法04

子どもがチャレンジ意欲を失ったら「本当に好きか?」を問いかける

私はサッカークラブを渡り歩きながら、およそ35年間、子どもたちの指導に関わってきました。とくに幼児から小学生までを中心に行ってきました。現場に立っていると、親子関係や子どもたちの意識に変化を感じることがあります。以前であれば、子どもたちはひとりでグラウンドにやってきて、練習が終わったら、ひとりで帰る。それが、当たり前でした。いまは治安の問題もあるのでしょう。多くの親がグラウンドまで送り迎えにやってきます。

親には子どもの練習を見に来ないでほしい

以前は着替えを持ってこず、汚れたサッカーウェアのまま電車で帰ろうとする子もいました。そんなときは「着替えをちゃんと持ってきなさい」と注意して、グラウンドで着替えをさせてから帰すようにしていました。いまは迎えの車に乗って帰るため、多くの子どもたちが着替えることなく、そのままの服装で帰っていきます。いまでもひとりで帰る子もいますが、当然、中学生でもウェアの上から制服のズボンを穿いて帰ろうとします。私はマナーとして、ＴＰＯに合わせて服装は変えるべきだと子どもたちに教える必要があると思っていますので、グラウンドで着替えさせようとするのですが、いまの子は嫌がって着替えようとしません。自宅に自分の部屋があるのが当然なご時世ですから、恥ずかしいのかもしれませんね。あれこれ親に世話をしてもらっているせいか、私には子どもたちが少し幼くなってきたように映ることもあります。

また、送迎する親が増えたことで、そのまま練習や試合を見ていく親も珍しくなってきました。ただし、私は練習や試合を親は見る必要がないと考えています。直接、その方針を保護者の方々に伝えることもあります。あくまで私からのお願いにすぎないので、もちろん見て帰ってもらっても構わないのですが、親というのは基本的に自分の子どものプレーにしか興味がありません。したがって、私がチーム全体のことを考えて、プレイヤーを交代させていたとしても「どうしてうちの子どもを交代させるんですか！」などと言ってくることがあります。また私があまり試合中に指示を出さないので、「どうして子どもたちに指示を出さないんですか？」と不思議がられることもよくあります。そんなとき私はこんな実験をしながら、指導方針を理解してもらうようにしています。

「どうして、何も指示しないんですか？」と聞かれれば、「じゃあ、何を言えばいいでしょうか？」と逆に質問を投げかけます。もしその方が「相手のチームの監督はポジションについて、あれこれ指示していますが、コーチはやらないんですか？」と食い下がってきたとします。そこで、私は「じゃあ、やってみましょうか？」とハーフタイムに子どもたちを呼び、ポジションを指示してプレーさせてみます。

すると、子どもたちはポジションを忠実に守ろうとして、かえって思うように動けなくなってしまいます。指示されたエリアから出て、ボールを追いかけてはいけないと思い込んでしまうのでしょう。それまでは、みんなで一生懸命ボールを追いかけていたのに、ポジションを固定した途端、ボールを追わなくなります。そしてゴール前に相手が迫ってきても、持ち場を離れず、ディフェンスが手薄になり、どんどん点を取られるようになっていきます。

そこで今度は親御さんのほうを振り返り、こう言います。「なんだか子どもたちはつまらなそうですね。元に戻してみましょうか？」と。私はポジションを解除して、再び子どもたちを自由にプレーさせます。すると、みんな嬉々としてボールを追うようになります。最後に親御さんには「どっちのほうがいいですか？」と尋ねます。このようにして、私が指示を出さなかった理由を理解してもらっています。

また、子どもたちのサッカーの試合を見に来ていただければわかりますが、応援するならまだしても、「どうしてこうしないんだ！」とか「もっと頑張りなさい！」など、試合中に怒鳴っている親御さんがたくさんいます。我が子のプレーを見ていると、サッカー経験者でなくても、どうしてもミスなどプレーのマイナス面に目がいきます。失敗する姿は見たくないのでしょう。そして帰りの車の中でも、反省会がはじまります。再度、ミスしたプレーについて説教することになってしまうわけです。子どもにとって苦痛でしかありません。

もし試合を見に来ていない親なら、自宅に帰って来た子どもに対して「今日の試合はどうだった？」とせいぜい聞くだけです。活躍していたのなら、子どもは素直に試合結果や自分のプレーを話してくれるでしょう。反対に満足できない試合だったとしても適当にごまかしたり、生返事でやり過ごすことができます。試合を見てないわけですから、親は細かく詮索することはありません。ミスをしてしまったことを子どものほうから話してきたとしても、その場面を親は見ていないわけですから、怒ることはありません。私が親たちに試合や練習を見なくても良いとお願いする意味がおわかりいただけるのではないでしょうか？　子どもにとっても、親にとっても見ないほうが幸せなのです。

サッカーはあくまで手段。目的は人間性を磨くこと

子どものプレーを見るようになると、目先の結果や、勝ち負けにどうしても一喜一憂してしまいます。でも、私がサッカーを通じて学んでほしいと思っているのは、そんな短絡的なことではありません。サッカーはあくまで手段にすぎず、みんなでプレーすることを通じて人間的に成長してもらうことが重要です。

ちなみに、このような表現をすると勝敗にこだわらない指導を目指しているように誤解されることがあるのですが、勝つことにはこだわります。最近は遊びの延長としてサッカーを教えているクラブも見受けられ、とにかく楽んでサッカーをプレーしてくれれば、それで良しとするような指導法が行われているようです。しかし、子どもたちは負けるよりも、勝ったほうが断然うれしいわけです。その気持ちは向上心につながるため、私

は大事にしてあげたいと思っています。

ただどのように勝つのか、勝ち方が重要です。上手な子がひとりでドリブル突破してゴールを決める。他の子はその様子をボーッと見ているだけ。それではたとえ試合に勝っても意味がありません。とくに子ども同士のサッカーでは技術や状況判断が未熟なため、こうした事態が起こりがちです。ですが、サッカーはチームスポーツ。みんなと協力してプレーする方法論や喜びを学ぶことに意味があります。

また、サッカーでチャレンジすることは、子どもたちが上達するために、絶対に必要な要素です。レベルの違う相手や、年上のお兄ちゃんたちと一緒にプレーしたいとき、どうしてもドリブルで抜けない相手を攻略したいときなど、体の入れ方を工夫したり、フェイントを使ったり、何度もチャレンジするからこそ、少しずつできることが増えていき、プレーするのが楽しくなっていくわけです。

私は子どもたちを指導するときに、みんなでパスを回しながら攻撃するサッカーを目指します。それから子どもらしいサッカーをしてほしいと思っています。リスクマネジメントをしたり、攻守のバランスを考えながら失点しないようにプレーするのが、大人のサッカーだとすれば、「子どもらしいサッカー」というのは夢中になって勝ちに行くようなサッカーです。全員が攻撃参加した結果、ディフェンスがいなくなり、点を決められてしまっても構いません。自分たちがボールを保持して、攻撃しているのなら、そのままみんな攻めていけばいいと思っています。みんな点も決めたいはずです。パスを回しながら、攻めていれば、誰にだってチャンスが巡ってきます。逆襲されたときのことを考えて、後ろに残っている必要もありません。もし、ボールを取られたら、みんなで一生懸命戻って来ればいいんです。全員攻撃、全員守備です。

もう少し専門的に話をすると、サッカーは数的優位を作るスポーツです。ボールを持ったとき、そのエリアに相手よりも味方の人数が多ければ、パスコースが増え、攻めやすくなります。こうした数的優位をいかに作るかが、勝利のポイントになるわけです。そう考えると、全員で攻めていけば、それだけ数的優位を作るチャンスが増えることになります。ミスさえしなければ、マイボールであり続けます。スペインのバルセロナという世界的なサッカーチームが行っているようなサッカーといえば、わかっていただけるでしょうか？　こうしたサッカーは、相手ゴールに向かって夢中で攻めていく子どもたちには、とてもマッチしています。年齢を重ねて、戦術も技術も向上したときに、やっぱり守る人も必要だと思えば、そのときに考えを改めれば良いのではないでしょうか？

だから子どものサッカーではリスクを恐れず、点を取るために、チャレンジすることが大切なわけです。そのような感覚で子どものうちから育ててあげたいと思っています。

歪んだ方向に伸びぬよう正すのが大人の役割

では、こうしたチャレンジする意欲は、どうすれば子どもたちに教えていくことができるのでしょうか？

私は子どもたちを〝ある環境〟に置けば、自然とチャレンジする機会が増え、どんな子でも上手くなっていくと信じています。大切なのは良い刺激を与えてあげること。そして、歪んだ方向に伸びていかないように常に観察して、正してあげることだと思っています。それが指導者や親の役割です。

子どもがサッカーをはじめたいと言ったら、最初にすべき親の役割はその子に合ったクラブを選ぶことです。勝つことを第一とするようなクラブに入ってしまうと、チームメイトと競争することが目的になってしまう可能性があります。勝利を優先するなら、試合では必ずベストメンバーで臨むはずです。すると仲間との競争に勝たなければ、試合に出ることができません。仲間と協力してプレーすることがサッカーの醍醐味ですが、仲間が負かすべきライバルになってしまうわけです。これでは大切なことが学べません。もちろんサッカーの技術に自信があり、仲間と切磋琢磨することで上を目指したいという考え方もあります。したがって、親は子どものレベルや性格、目指したいサッカーなどとチームの指導方針が合うのか、見極めてあげる必要があります。

あまり上手ではない子を伸ばすための練習法

どんなサッカークラブにも上手な子とそうでない子がいます。上手な子はドリブルで何人も抜くことができるため、放っておくと他の子はそのプレーを黙って見ているだけという状態になりがちです。こうした状況は大人がきちんと正してあげる必要があります。チームみんなのレベルが上がっていかないからです。そこで私は練習の中で、上手な子がシュートを決めても得点とは認めず、その他の子が決めたら1点になるといったルールを試すことがあります。もちろん、できる子にとっては不満なルールでしょう。シュートを決めても、得点が認められないわけですから、当然です。

そこで私はその練習がはじまると、上手な子を呼んで言います。「見てごらん、君からのパスをもらって、ゴールを決めたあの子はあんなにうれしそうだよ」と。そして同時に「君のドリブル力があれば、もういくらでも抜けるでしょう。次に君が学ぶべきはパスの技術だよ」と、パスを選択するよう要求している理由について説明します。すると、多くの子は、私の要求を受け入れて、良いパスが出せるようチャレンジしてくれるようになります。

練習の中で自然に、シュートを打つ機会がなかった子どもはシュート力を向上させることができ、シュートやドリブルが得意だった子どもはパスの技術を伸ばしていくことができるようになります。上手な子どもにとっても、パスを磨くことは将来を考えると絶対に必要なことです。しっかりと練習の意味や狙いを説明し、その子を納得させた上で取り組ませます。このようにチャレンジする方向性を正しく導いてあげることが大切です。

親は自分の子どもが上手な場合、ひとりでプレーしていてもまったく気にしません。ですが、親も社会に出ていろいろなことを経験しているはずです。会社でひとり自分の売り上げを伸ばすことしか考えない同僚がいたら、どう思うでしょうか？　チームでプロジェクトを進めているのに、そんなメンバーがいたとしたら、周囲から咎められたり、恨まれることはないでしょうか？　多くの大人はチームの中ではどう振る舞うべきか、学んでいるはずなのに、我が子がその立場だと、急に「うちの子は上手なんだから、仕方ないじゃないか！」と開き直ってしまいます。だから指導者が親に代わって上手な子を導いてあげるわけです。

また、あまり上手ではない子も、ミスをして上手な子に怒られたり、不甲斐ないプレーを重ねてしまうことによって、どんどん萎縮し、無難なプレーを選択するようになっていくことがあります。その結果、チャレンジする意欲も減退し、上達のスピードが遅くなってしまいます。ますますレベルの差が開いていき、紅白戦をやろうとしても、「あいつがこっちのチームだと負けちゃうから、あっちのチームに行けよ」とか、仲間はずれや上下関係も生まれてしまいます。

そんなときは、コーチが間に入って、「いまここにいる子たちがみんな上手くなることが大事。だから、上手くない子のことをサポートしてみてごらん」と言ってみたり、「試合はみんなが力を合わせて作るもの。ひとりでやるものじゃないよ」と、チームとして強くなる必要性を語れるコーチが必要です。子どもたちを預かるクラブはそういう環境を作らなければいけませんし、親はそういう環境にあるクラブを見つける必要があるわけです。

子どもが壁にぶつかったら本当に好きかを問いかける

もし、子どもがチャレンジ意欲を失っているようなら、どう対応すれば良いでしょうか？　父親が家庭でできることがあります。それが「本当に好きかどうか」を問いかけることです。あるいは、そのチームにいたいかどうか、確認することです。大人たちは子どもが壁にぶつかっていたり、不安を抱えているように見えたら、いつも彼らの気持ちを確認すべきです。

「このチームにいて、本当に大丈夫?」「あまり上手にプレーできないグループに入っているみたいだけど、楽しい?」などと、自分が置かれている現状についてどう思っているのか、子どもに本音を聞いてあげましょう。子どもが「大丈夫」「楽しいよ」と答えるのなら、その環境でも間違いなく上手になっていきます。ですが、もしも、「いつもみんなからミスを責められるんだよね……」とか、迷った挙句に「辞めないで、頑張ってみるよ」といったネガティブな回答や反応を示すようなら、そのまま続けさせていても、絶対に上手くなりません。

そんなとき、私なら「じゃあ、チームを変えようか?」と子どもに言います。あるいは、「どうしたら、もう少し上手くプレーできるのか、コーチに相談してごらんよ」などと、アドバイスを送って様子を見ます。子どもも友だちがチームにいると、仲良くなっている手前、辞めるとは言い出しにくいでしょう。ですが、その子が本当に楽しくできるようなチームを優先して探してあげる必要があります。

親はこの壁を乗り越えたら、殻が破れて、上達するかもしれないと思い、「もうちょっとそこで頑張ってみなさい」などと言いがちです。自分で問題を解決する姿を期待してしまう面もあります。もちろん、親にそう言われたことで、やる気のスイッチが入りメキメキ上達する子もいますが、全員そうなるわけではありません。

いつどんなときにスイッチが入るのかを見極めるのは、親であっても難しい作業です。ただ、子どもが自ら目標を見つけて、自発的にチャレンジしてくれるのを期待するのは酷です。とくに子どもが幼ければ幼いほど、大人の後押しが欠かせないでしょう。

どのような家庭で育ったお子さんが、挑戦意欲が高いのか？　それは子どもがやりたいと言ったことに対して、親がきちんと応援する態度を示している家庭ではないでしょうか。親には練習を見てほしくないと言いましたが、それは放任してほしいという意味ではありません。ましてや無関心でいてくれということでもありません。過干渉にならないように、子どもがやりたいと言ったときには、話を聞いてあげる。あまり元気がないときには「どうしたの？」と言える関係、距離感が大切です。ただ「頑張れ」と励ますのではなく、子どもと向き合い、話し合いができる家庭が理想だと思っています。

もし挑戦する意欲を失っているように見えたら、
「本当に続けたいか」を子どもに問いかけて、
現状を自分なりにどう感じているのか、本音を探ってあげる

その4 「挑戦意欲を育む問いかけ法」まとめ

- 子どもに苦言や不満をぶつけぬよう、あえて試合や練習を見ない
- チャレンジすることは、子どもの成長・上達に絶対、必要な要素
- 歪んだ方向に伸びていかぬよう、常に子どもを観察して、大人が正してあげる
- 子どもが壁にぶつかったら、本当に好きかを問いかける
- 悩んでいるなら、所属先を変えるのも成長を促すひとつの手
- 子どもが自ら目標を見つけて、自発的にチャレンジするのは難しい。大人の後押しが欠かせない

第5章

自己主張を育む

レポート

父親が積極的に子育てに参加した場合 子どもの言語能力が高い

セラピストのマリエ・ウオーカー博士

問いかけ法

意見を言う場数が少ない子どもたち。「何でも言える」雰囲気作りが鍵

<取材協力> NPO 法人 市原アカデミー サッカー指導者
池上 正

レポート05

父親が積極的に子育てに参加した場合子どもの言語能力が高い

セラピストのマリエ・ウォーカー博士

日本社会では、行動や考えを周囲の人に合わせ、協調することが美徳とされているためか、自分の考えをきちんと伝える力が弱いと言われています。学校でも子どもたちは大人の顔色を伺うように、先生が期待する答えを予測して発言したり、意見を持っていても、積極的に発言する機会や意欲はあまりないといえるでしょう。いわゆる空気を読むことが自然と身についてしまっているわけです。もちろん社会に出ても、出る杭は打たれるという言葉があるように、強い自己主張は周囲との軋轢を生みやすく、チームで仕事に取り組むことの多い企業では意見を言うことは敬遠されがちです。

しかし、その一方で大きな成功を収めている人は総じて、自分の考えや思いを伝える力があるといっても過言ではありません。とくに経営者や多くの社員を管理するマネージャーといった役職では、必要とされるスキルになります。また、企業の海外進出が進む中で、自分の意見を言える人材が重宝されるケースも徐々に増えてきています。

そのため親としても、きちんと自分の考えを言葉にできる子どもに育てたいという希望があるのではないでしょうか？　少なくとも、何を考えているのか、どうしたいのか、自分の言葉で他人に伝えるコミュニケーション能力や自己主張力は身につけてほしいところです。そして、こうした自己主張する技術や言語能力も、父親から大きな影響を受けると言われています。

セラピストであるマリエ・ウォーカー博士は、父親が積極的に子育てに参加した場合、子どもの言語能力が高くなると指摘しています。同博士によれば、父親は、子どもと一緒に遊ぶときに、母親よりも身体を使った遊びや運動を好んで行う傾向があり、こうした身体を使った遊びは子どもたちに興奮や高揚感を与えるとともに、人生では予期せぬことが起きることを教えたり（運動ではケガをしないように保護者が見守っていても、危険がともなうものなので）、身体能力についてより自信を持てるように促すといいます。そしてさらに、父親がいる子どもたちは、言葉のスキルを発達させ、より良い学力を発揮する傾向があるそうです。

一般的に日本では女性のほうが男性よりも、おしゃべりが好きで、言語能力が高いと考えられているため、意外な報告に思えます。しかし、ウォーカー博士によると、父親は物事を達成することや、探究することの重要性を重んじる傾向にあり、母親は育成することやリスクを取らず安全性に重点を置く傾向にあるといいます。その結果、父親との関わりが多い子どもは学問的な問題に直面する可能性が高まり、それらを解決するための言語力が育まれるということなのかもしれません。

2歳から3歳の間の子どもの言語発達は、父親の影響が大きい

また、アメリカ・ノースカロライナ大学とペンシルベニア州立大学の教授らが行った調査では、子どもの言語発達において、父親の影響が大きいという結果が出ています。

彼らは、2歳から3歳の子どもと、その親が遊ぶ様子をビデオで撮影し、その様子を分析しました。従来の言語学の研究では、主に母親の行動に着目していましたが、父親と母親が遊びの最中に使っていた言語の質、そして、その子どもの1年後の言語能力の発達度合いを調査したといいます。

遊びのなかで、多様なボキャブラリーを使っていた父親の子どもを1年後にテストすると、より大きな言語発達を示したといいます。一方で、同じく多様なボキャブラリーを使っていた母親の子どもを1年後にテストしても、言語スキルに大きな変化は見られませんでした。そのため、2歳から3歳程度の子どもたちの言語発達において、父親の

影響が大きいと報告しています。なお、この調査では、他の研究でも指摘されていたように、両親の教育水準が子どもの言語能力に大きな影響を与えていることも指摘しています。

父親の育児参加による自己主張への影響は男児のみに及ぶ可能性も

国内でも静岡大学教育学部で「父親・母親の養育態度が幼児の自己制御に及ぼす影響」という論文があります。静岡市内の私立保育園に在籍する児童とその両親が調査に参加し、子どもたちの自己制御機能について考察したものです。それによると、家庭で父親が子どもに対して、寛大で優しい態度で接している場合、より厳格な父親のもとで育つよりも、その家庭の男の子は自己主張得点が低いという結果になったと言います。一方で同様の家庭で育った女の子では、自己主張に関する違いが見られなかったそうです。

また、母親に関しては、寛大な母親と男の子、厳格な母親と男の子、寛大な母親と女の子、厳格な母親と女の子、いずれのケースでも自己主張の面では養育態度による違いは見られませんでした。さらに自己抑制（わがままを言わずに自分の欲求や要望を抑えようとする態度）については、男児・女児のともに父親の養育態度による明確な違いは見られなかったと言います。つまり、父親の養育態度は、男児の自己主張にのみ影響したことになります。

ちなみに自己抑制については、男の子・女の子のいずれのケースでも、母親が育児に厳格な態度を取っている家庭では、自己抑制得点が低い傾向にあったそうです。こうした家庭では、子どもは自らの欲求を充足する機会が少なくなり、欲求不満の状態になる可能性があると分析されています。日本の母親はアメリカの母親よりも、子どもが自己主張をするよりも、従順で、礼儀正しさといった自己抑制的な側面の発達を重視する傾向にあります。実際に日本の子どもは、アメリカの子どもと比べ、自己抑制が強いと言えます。したがって、子どもの発達には、親がどのような子どもに育ってほしいのか、その考えや態度が反映されると考えることができます。

問いかけ法 05

意見を言う場数が少ない子どもたち。「何でも言える」雰囲気作りが鍵

きちんと自分の意見や考えが言えるような子どもに育てたい。そんな親御さんも多いでしょう。サッカー指導の現場でも子どもたちに成長してもらうためには、発言を促すことは重要です。そのためにできることは何でしょうか？　まず指導者の立場から言えば、心がけるべきは何を言っても、そして何をしても受け入れてもらえると子どもたちが感じられるような雰囲気を意識的に作っておくことです。

たとえば、日頃から練習中にあまり積極的に動いていない子を見つけたら、「大丈夫？

あまりやる気がなさそうに見えるんだけど？」と問いかけるのも有効でしょう。日頃から子どもたちの様子を観察して、発言の機会を設けるようにします。練習に積極的ではない子どもがいると、ただサボっているだけだと勘違いして「どうした！　なんでやらないんだ！」「集中しろ！　集中！」などと叱責してしまう。指導者はそのような態度を取りがちですが、これでは自分の考えが言える環境とは、とても言えません。何か迷いや事情があり、そんな態度になっているのかもしれません。子どもは大人の言動には従順で、萎縮しがちなため注意が必要です。

大きな声に萎縮して大人の意見に従ってしまう

こんなこともあります。親御さんたちが子どもたちの試合を見に来ると、次第にヒートアップして、あれこれ口を出すようになります。ミスキックをしたら「ちゃんと蹴りなさい！」と叫び、失点が続くと「何やってるの！」と大声を出すのです。思い通りに動いてくれない子どもたちに腹を立ててしまうのでしょう。とくにサッカーをした経験のない親御さんであっても、やきもきして声を荒らげてしまうと言えます。

そんなときは、私も直接、親御さんに「お母さん、お父さんがそんなに言うと、子どもたちは萎縮しちゃいますよ」と声をかけることがあります。ただ、どうしてダメなの？といった様子で、なかなか納得してもらえません。そこで私が何を問題視しているのか、実践してみせることがあります。そのほうが理解してもらえるからです。

攻撃中にディフェンスの間を子どもが抜け出して、キーパーと1対1のシチュエーションになることがあります。そんなときすかさず、私が大声で「シュート！」と叫んでみます。すると、その子は声に反応して、言われるがままシュートを打ちにいきます。これが決まれば問題にはなりませんが、外すとほとんどの子は私のほうを見てきます。そして、みんな「コーチがシュートと言ったから打ったのに、はずれたじゃないか！」と、不満げな顔をしています。自分でシュートしたのに、まるでこちらに非があるかのような態度を見せるのです。

そして、また同じようなシチュエーションが来ると、今度は私は何も言いません。あえて黙って行く末を見守ります。すると再び、シュートを外したとしても、子どもはこちらを見ることはなく、自分の不甲斐なさをただ悔しがります。そんな子どもたちの様子を親御さんたちにも見せながら、「外から大人があれこれ言うと、あんなふうになってしまうみたいですね。言いすぎると失敗やミスは全部、お母さんのせいになってしまいますよ」と、忠告するわけです。大人が口を出せば出すほど、自分で考えてプレーをせず、ミスを常に誰かのせいにする子どもになってしまいます。自己主張を促す上で、大人の口出しは悪影響なのですが、こんなふうに結果を見せながら説明しなければ、親御さんには、なかなか納得してもらえません。

練習の最後に全員に感想を求める

子どもだって、何だかやる気が出ない、気分が乗らないといった日もあるでしょう。もちろん、周囲の様子をうかがう性格で日頃から口数が少ない子もいます。自然と自分の意見や考えが言えるようにはなかなか育っていきません。大人のほうから歩み寄って、声をかけてあげる。いつもそんなコミュニケーションを心がける必要があります。

また1対1で話すだけではなく、ミーティングなどみんなが集まったときに、問いかけをしてみるのも良いでしょう。練習が終わる際に、何人かの子どもにその日の感想を聞くことがあるのですが、最近、実践しているのは、全員に感想を求めるという方法です。「練習の感想をどうぞ。今日は全員の感想を聞くよ」と宣言してから、手を挙げた子どもから順番に指名していきます。端から順番に感想を言ってもらうこともできるのですが、それでは強制的に言わされている感じが強くなってしまいます。手を挙げさせることで、自分から意見を言う癖をつけたいのです。自己主張できない子どもは、そもそも意見を言う経験が乏しいと言えます。

なかなか手を挙げられない子もいますが、全員に感想を求めているため、絶対に順番が回ってきます。どんな内容でも構わないので、何か感想を言わない限り、練習が終わりません。早く帰りたいとそわそわする、みんなからのプレッシャーもあり、いつまでも黙っているわけにはいきません。すると、恥ずかしがり屋の子でも意を決して、手を挙げます。そのドキドキを自分の意思で乗り越えることが大事だと思っています。

子どもの数が減り、小学校のひとクラスの人数もおよそ30人規模と、昔と比べると随分と減ってきました。ですが、発言する子が決まっていたり、授業時間に限りがあるため、1日ひと言も発言しなかったという子どもがいても不思議ではありません。発言する機会が足りないことも一因として考えられるので、まずは発言することに慣れることが大切です。こうした発言しやすい雰囲気を家庭でも作ってあげましょう。

どっちが好き？と選ばせてそう思った理由を尋ねる

ときどき練習の感想を聞いても、何と答えていいのかわからず、黙ってしまう子どもがいます。そんなときはこんな風に対処するようにしています。「じゃあ、質問するね。今日はこんな練習や、あんな練習をしたけど、そのうちのどれが好きだった？」と、いくつか提示したものの中から、好きだった練習を選ばせるような問いかけをします。感想と言われると、何も思いつかないような子であっても、どれか選べば良いだけなので、答えることができます。また「好きなもの」を尋ねているため、答えやすいのです。

子どもから、「これが好きだった！」と答えを引き出せたら、「どうして好きだったの？」と質問を重ねます。すると、どうして好きなんだろう？　と気持ちや考えをまとめるトレーニングになります。このようなやり取りを続けていくと、次第に発言力が上がっていきます。大人が子どもたちの心の中を聞いてあげる努力をする。そのようにしなければ、自分の気持ちを言えるようにはならないのではないかと思っています。

また、いまの子どもたちは何か尋ねられると、正解を答えたいという気持ちが強いように思います。変なことは言いたくない。間違っていると恥ずかしい。そんな思いが根付いているような気がします。そのため、答えがわからないときには、答えようとしません。だからまずは大人が問いかける。そして、答えたら、何を言っても大丈夫、それでいいんだよと伝えてあげることで、思ったことを発言できるよう働きかけていくことが必要ではないでしょうか？　こうした問いかけは家庭でもできるはずです。

行動を認めてあげることで子どもとの対話がはじまる

何を言っても大丈夫。それでいいんだよと働きかけることは、子どもの発言を褒めることでもありますが、褒めるのは難しいという声を親御さんからよく聞きます。褒めるのが苦手なら、認めてあげるだけで構いません。

たとえば何かをやったときに「自分でやったの？」と言うだけで認めたことになります。どのようにやったのか、行動の中身を評価する必要はありません。「うん、僕、自分でやった」と子どもはうれしそうに答えてくれるはずです。認めてあげると、子どもはまた自発的にやろうとします。どう褒めるのか？　を基準に考えていると、中には「上手い」とは言えない子どもの行動もあります。大人から見れば、稚拙な出来のときもあります。そんなときに無理やり褒めようとしても、上手に褒められないのは当然です。

行動を認めたあとに「どうしてそうしたの？」と理由を尋ねるのも大切です。きっと自分なりの行動理由を話してくれるはずです。「そうだったんだ！」と再び、認めてあげれば、気持ちを伝えるトレーニングになります。ここまで来たら、どうしても気になる点や直してほしい点を指摘しても問題ないでしょう。「いや、お父さんはこっちが良かったと思うんだよね」と言えば、子どもも対話の準備ができているので、素直に聞いてくれます。きっと子どもは「どうして？」と理由を聞いてくるので、そのままコミュニケーションを続けていくことができます。こうして意見を交換していけば、親の意見もわかり、自分の気持ちも伝えられるので、子どももどんどん大人になっていきます。親子のコミュニケーションをスタートさせるには、「認める」ことが良いきっかけになると思います。

日頃から親には何でも話せるという関係作りを心がける。
子どもの「好き！」を引き出したら、その理由を問うことで
徐々に発言力を引きあげる

その5
「自己主張を育む問いかけ法」まとめ

- 何でも言える雰囲気作りをすることが先決
- 様子を観察して、元気がないなら、大人が問いかけてあげる
- 大人の大声に子どもは萎縮してしまう
- 必ず全員が発言する機会を作る
- 発言力のない子は、場数が少ないだけ
- 子どもの「好き！」を引き出したら、その理由を問う
- 行動を認めたら、どうして？　と理由を尋ねる
- 認めることが親子コミュニケーションのきっかけ

第6章

IQ・学力を伸ばす

レポート

子どもの社会的発達、精神的発達、知的発達に永続的な良い効果を与える

アメリカ合衆国　保健福祉省

問いかけ法

一緒に調べに行く！　真の「学力」は父親の働きかけで伸びていく

<取材協力>
教育相談事務所 V-net 主宰。教育環境設定コンサルタント
松永暢史

レポート06

子どもの社会的発達、精神的発達、知的発達に永続的な良い効果を与える

アメリカ合衆国　保健福祉省

優秀な人材を幅広く確保するために、採用試験で学歴を重視しない企業が増えていますが、まだまだ学歴が重視される場面も多いのが現状です。また、高校や大学への進学では一般入試よりも推薦入試での合格枠が大幅に増加しています。そして、有名校への推薦をもらうためには内申書が重視されるため、できるだけ親は子どもの学業にお金や時間を費やす傾向が強まっていると言えるでしょう。さらに親の収入の高さと、子どもの学歴の高さが比例するといったデータもあり、子どもの教育に熱心な親は減るどころか、むしろ増える傾向にあります。こうした子どもの学歴やＩＱも、父親の育児参加に

よる影響を受けると考えられています。

アメリカ合衆国の保健福祉省公衆衛生局に属する研究機関のひとつに国立小児保健発達研究所（略して、NICHD）があります。同研究所では保育と子どもの発達との関係を明らかにするため、長年にわたって大規模な追跡調査を行ってきました。1991年から1994年に行われた第一フェイズの情報収集には生後およそ1カ月の子どもを持つ家族1364組が協力したといいます。

データ収集については、アメリカ国内の10の地域で実施され、属性に偏りが出ないよう社会経済的、文化的に多様な家族が参加するよう配慮されたといいます。また世帯収入など家庭の経済力、親の教育レベル、白人家庭か否かなどは問わずに参加者は集められました。

第一フェイズで協力した参加家族は、その後も継続して調査に協力し、小学校1年生までの第2期（1995〜1999年）、小学校6年生までの第3期（2000〜

２００４年）、そして中学3年生までの第4期（２００５〜２００７年）とおよそ16年間にわたって聞き取りが続けられました。研究に興味を失った、転居したといった理由で研究に参加しなくなった家族も若干いましたが、これほど多くの家族に継続して調査した事例はなく、現在でもとても貴重な研究資料として扱われています。

収集されたデータをもとに、さまざまな考察が行われていますが、その一部が「発達初期の保育と子どもの発達に関する研究」として公表されています。この研究の主な目的として、子どもが受ける保育の経験の違いが、子どもの社会的、情緒的、知的、言語的、そして身体的な発達と健康に、どのような影響をおよぼすということについて検討することにありました。なぜなら、アメリカでは日本と異なり、女性の社会進出が進み、共働きが一般化したことによって、１９９０年代の初頭から両親以外の人、たとえばベビーシッターや保育士による保育を受ける子どもの数が急増していったという事情がありました。親たちはそのことへの葛藤があったわけです。育児という親にとって重要な行為を一部とはいえ、第三者にゆだねてしまって良いのだろうか？　という葛藤です。そこで、母親による保育、父親による保育、両親による保育、さらには第三者による保育が子どもたちにどのような影響を及ぼすのか、分析が進められたわけです。

その過程の中で次のようなことが明らかになっています。まず単に母親のみによる養育を受けているか、それとも母親以外による保育を受けているかを比べても、子どもに及ぼす影響という点では差が見られず、母親以外の保育を受けているかどうかということだけで、子どもの発達について多くを語ることはできないことがわかったといいます。しかし、その一方で、保育の質や量（つまり時間）、そして保育施設の特徴を詳しく分析すると、強い関係性とはいえないものの、保育の特徴の違いは子どもの発達にある程度の影響性を持つこともわかっています。また、「父親の育児参加が、子どもの社会的発達、精神的発達、知的発達に永続的な良い効果を与える」という点も明らかになっています。

そのほか、4歳半までの結果では、母親以外から質の高い保育を受けている子どもは、質の低い保育を受けている子どもよりも、言語と知的発達の面でやや良好な発達を示しており、また3歳までの結果では、質の高い保育を受けた子どもたちのほうが、協調性が高いこともデータから見て取ることができました。なお、質の高い保育というのは、ひとりの大人がケアをする子どもの人数が少なく、子どもの行動に目が届きやすい。あるいは、クラスの人数が少なく、保育者の教育歴が高い、保育者が子どもに対して元気で明るく接し、子どもの行動に対して敏感で、子どもの興味とやる気を励ますようなポジティブな養育をしているかという点で、質の高い保育と表現されています。

社会に出てからの成功のチャンスが高まる

またイギリスの心理学者ダニエル・ネットル氏による研究でも、父親と一緒に過ごすことが多い子どもの方が、ＩＱがより高くなると報告されています。同氏の報告によると、幼児期における父親の関与が11歳の子どものＩＱ、そして社会進出に積極的な関連性があると言います。とくに高収入の父親は低収入の父親と比べ、子どもへの教育投資に意欲的で、その結果、子どものＩＱと相互作用があると考えられています。

そのほか、フロリダ大学でも父親が子どもに関与すればするほど、子どもの認知能力や学業成績は向上し、社会に出てからの成功のチャンスが高まると結論づけています。

国内に目を移すと、お茶の水女子大学大学院の浜野 隆准教授の「家庭での環境・生活と子どもの学力」というレポートを公表しています。これは保護者や子どもに対する調査で、家庭環境や家庭での生活、あるいは親の意識や行動と子どもの学力との関連性、学力と高い関係のある変数について、階層差があるかどうかについて分析を試みています。

同レポートによれば、保護者の普段の行動は、子どもの学力と強い関係性があることがわかっています。また同時に親の学歴とも強い相関があるといいます。そのほか、子どもの家庭での学習日数や時間、学校外学習の利用、学習方法、家庭での環境や生活、親との会話は、学力と強い関係が見られました。したがって、子どもの学力には親の育児態度や家庭環境作りが大きく影響することがわかります。

問いかけ法06

一緒に調べに行く！　真の「学力」は父親の働きかけで伸びていく

子どものＩＱ・学力をどう伸ばしていけば良いのか？　それを考える上で、いま求められている「学力」について、理解しておく必要があります。入試制度改革によって、知識量を判断するようなテストから、考える力を問うテストへと転換が進んでいることはご存じの方も多いでしょう。すでに中高一貫の公立中学の入試などでは、自分の考えや発想を駆使しなければ解答できないような問題、あるいはパズルを解くようなひらめきが求められる問題へと変化してきています。以前のような暗記中心の学習で対処できるような問題は確実に少なくなってきているのです。

暗記中心の学習から思考力を鍛える学習へ

こうした変化は当然の流れだと言えるでしょう。スマートフォンやパソコンがあれば、インターネットで知らないことを誰でも簡単に検索できる時代です。どんなことでも一瞬で調べることができます。そのため平安時代の田んぼの名前を覚えたり、歴史年号をただ覚えたところで、意味がありません。また、今後はＡＩ（人工知能）が生活の中に浸透していき、事務的作業を中心に多くの職業がＡＩに取って代わられると言われています。ＡＩや機械に任せたほうがミスもなく、圧倒的に速いため効率的です。したがって、人間が担うのは、ビジネスを生み出す経営者や管理職、あるいは人間ならではの柔軟さを要求する技術的仕事などの職種だけになり、いままで以上に創造性や考える力が求められる世の中になるでしょう。

そんな風に世の中が劇的に変化する中、いままで通りの暗記中心の学習をベースにした、大学入試が存在するのは大きな問題だとようやく気づいたのかもしれません。自分で問題意識を持ち、どのように解決していくかを考える力がある、少なくともそのような意志を持った人を大学が求めるようになったわけです。それが本来の大学の姿だとも言えるわけですが……。

大学では、専門家や学者など論文を書いたことがある人たちが、論説文的な言葉を使って講義や研究を進めます。したがって、彼らの言葉を聞いて、その意味を理解する能力がなければ、通う意味がありません。講義だけでなく、彼らは当たり前のように難解なテキストを提示してきます。それらを解読しながら、学生同士で意見を言い合い、学びを深めていきます。それが本来の大学での学びの姿です。さらに自分の考えをレポートにまとめ、提出することができる能力も当然ながら必要とされます。こうした能力が身についていることが前提となっている高等教育機関が大学なのです。

現在は高校を卒業して、進学を希望する人はほぼ全員、大学に入学できる「大学全入」

時代になっていますが、18歳のどれくらいの割合が、本来、大学が求める知識レベルに達しているのでしょうか？　おそらく数パーセントというのが、実情だと思います。中には、学生のレベルがあまりに低いため、高校で習得しているはずの内容を再度、大学で講義しているところもあると聞きます。

思考力を鍛える学習は家庭での学びが重要に

さて、暗記型から思考型にテストは変わりますが、どのように問題を答えられる力を鍛えていけば良いでしょうか？　これまでのように教育を学校や塾に期待するのは正しくないと私は考えます。なぜなら、こうした考える力を育む教育には時間がかかり、塾などが参入しようと思ってもビジネスとしておそらく成立しないからです。したがって、いままで以上に家庭での学びが重要になっていくでしょう。では、家庭でどのように学力を伸ばしていけば良いのでしょうか？

ひとつは父親が子どもたちを外に連れ出すことです。子ども同士で遊びに行けるところには、限りがあります。近所の公園がせいぜいではないでしょうか？　また整備が行き届いた近所の公園では、体験できることに多様性がありません。だから、親が学びの場に子どもを連れ出すことが重要になります。たとえば、子どもが「父ちゃん、どうして水道をひねると水が出てくるの？」と尋ねてきたとします。多くの親は「水道局から水が送られてくるんだよ」などと答えるでしょう。それで納得する子もいれば、「じゃあ、その水道局の水はどこから来ているの？」と、返答から新たな疑問を抱き、さらなる答えを求めてくる子どももいるはずです。その問いに答えられなかったとしたら、どうしますか？　子どもと一緒に、その現場まで行き、調べれば良いわけです。

東京都で提供されている水は、いったいどこの川やダムから来ているのだろう？　調べてみると、武蔵野台地の上流の羽村取水堰で多摩川から水を引いていることがわかったとします。うちの地域に届く水は、ここから引いてきているらしい。さらに東京都は荒川で浄水している地域もあれば、金町の浄水場で作っているところもあるということがわかってきます。そこで羽村にある取水堰まで子どもを連れて行き、資料館などもあわせて見学させることで、水道への疑問をきっかけに東京の歴史も学ばせることができるわけです。こうした学びの機会を与えるのは親にしかできない役割です。もちろん、インターネットを使えばある程度のことを調べることができますが、現地まで行ってみないとわからないことがたくさんあります。とくに子どもたちにとって必要なのはただの知識ではなく、体感して手にする生の情報です。また体感した知識は簡単には忘れず、蓄積されやすいのです。親はこうした学びの機会を意識的に作ってあげるべきだと考えます。

子どもから疑問を提起されると、相手にしなければいけないため、面倒だと感じる親もいるかもしれません。せっかくの休日を無駄にしたくないと思う人もいるでしょう。ですが、それは間違っています。社会に出れば、どこに行っても、提案のできる人材がほしいとの声を聞くはずです。就職面接でも一番に求められるのは、アイディアの出せる人材です。したがって、子どもからの疑問を面倒だと言っている場合ではありません。その力が伸びるよう、子どもが幼い頃から後押しするのが、親の役割なのです。

意見を述べる力が問われる小論文が入試の主流に

とくに子どもから疑問があがってこないのなら、連れ出す必要はない？　そんなことはありません。どこに行くかは、子どもの興味にあわせて決めれば良いでしょう。また、遊びに連れ出すだけでも有効な時間の使い方になります。企業の採用では、何か新しい提案ができる人が重宝されますが、社会に出てさまざまなアイディアを出せる人というのは、子どもの頃にたくさん遊んだ人ではないでしょうか？　たくさん遊ぶということは、それだけ豊富な体験を持っていることになります。いまは少子化で兄弟が少ない家庭が多く、多様な体験をする機会が減っています。バーベキューでもキャンプでも、ハイキングでも構いません。地図を見ながら、「ここから富士山が見えるね」などやり取りするだけでも十分、学びになります。

ただし、このとき注意すべきは、きちんと目的地までの行程も子どもに見せ、感じさせることです。やってはいけないのは、子どもを車に乗せ、寝ている間に目的地に向かい、着いたら起こすことです。たとえば、途中にある地名や道中の景色、地形からも学べることがたくさんあります。それらを無視して、目的地だけを見せるのは、非常にもったいないと言えます。もちろん道中に何があるのか、親は事前に調べる必要があるので、大変ですが、その価値があると思います。こうして手に入れた知識や体験がテストでも試されるわけです。

現在、入試の大半は推薦で決まります。では、その推薦入試では何が合否を分けるでしょうか？　それは小論文と面接です。小論文では設定された問いに対して、自分の考えを述べる力が試されます。そのため小論文の力を伸ばすには、本を読むことに加え、日頃から疑問を持ち、その疑問に対して自分なりの意見や仮説を立てることがとても重要になります。その訓練を続けることで、良い小論文が書けるようになっていきます。だから、親が学びの場に連れ出し、体験しながら生の情報を手にすることが効果的なわけです。

文章を書くこと自体は、誰にでもできます。しかし、面白い体験をした経験や、生の情報に触れた経験がなければ、書く内容が浮かんできません。合格点が出せるような小論文にはとても仕上がりません。したがって、体験する機会ができるだけ多くなるように親は、子どもを外に連れ出すべきなのです。仕事で疲れ、休日はのんびりしたいというのなら、なるべく負担にならないよう、自分にとっても癒しになるようなところに行くのでも構いません。たとえば、釣りに出かけても、学ぶべきことは何かあるはずです。一緒に調べようとする態度や、疑問に対する親の反応を子どもは見ているものです。

お父さんも気づかなかった。芝居を打ち、疑問の芽を潰さない

子どもからとくに疑問が出てこない。中には、そう嘆く方もいるかもしれません。しかし、いきなり疑問がどんどん湧いてくることのほうが少ないと言えるでしょう。もち

ろん、たくさん提案をしてくれる子どももいますが、少しずつしか疑問が湧いてこない子もいます。そんな家庭に限って、何でも親が主導権を握ってやりたがり、子どもが萎縮してしまっています。またとりとめのない疑問で、親が気づかないこともあります。親は子どもが感じた疑問を見逃さず、少しでも、疑問の芽が成長するように、後押しすることが大切です。

たとえば子どもの提案に対して「そうか、それはお父さんも思いつかなかったな」など、芝居を打つくらいのことはしてほしいと思います。そのような態度を見るうちに、自信がついていき、疑問を親に伝えたり、何かを調べてみようという気持ちが湧いてくるようになります。そして、疑問を調べるために連れ出すうちに、いい小論文や作文が書けるようになっていきます。できなかったことが、少しずつできるようになっていく学びの楽しさを感じられるように導いてあげましょう。

間違った教育をしていると、子どもたちは勉強することがつまらないと感じるようになってしまいます。漢字の練習と称して、新しい漢字を10回も書かされる。それは楽しい勉強ではありません。そんな学習の仕方を教えるくらいなら、漢字を上手く覚えるにはどうしたらいいのか？　そんな方法を考える発想がほしいところです。他にも日常生活でアイディアを生かせる状況がいくつもあります。学びの場はあちこちに転がっているわけです。「勉強」や「宿題」というと、堅苦しく考えてしまいますが、「学び」は自分の能力を開発するための、非常に手頃なツールなのです。そのことを身をもって知るだけでも、子どもを外に連れ出す意味があります。

子どもにとって必要なのは知識ではなく、体感して得る生の情報。
「じゃあ、確かめに行こう！」と、
疑問を調査しようと誘い出すのが、父親の役目

その6 「IQ・学力を伸ばす問いかけ法」まとめ

- 知識量を判断する入試から、考える力を見極める入試へと変化している
- 子どもの疑問を調べるために、親は子どもを外に連れ出すべき
- 子どもにとって必要なのは知識ではなく、体感して得る生の情報
- 提起された疑問を親は面倒だと感じてはいけない
- たくさん遊んだ人がさまざまなアイディアを出せる
- 目的地までの行程も貴重な学びの場
- 合否を決める小論文の力は体験学習を通じて伸びる
- 気づかなかった！　と子どもの疑問に芝居を打って応えるべき

第7章
語彙・国語力を育む

レポート

子どもに積極的に話しかける父親の元で育った子どもは、言語能力が発達している

ノースカロライナ大学

問いかけ法

習った言葉は家庭で使い、定着させる。
親子の掛け合いで増える語彙。

<取材協力>
教育相談事務所 V-net 主宰。教育環境設定コンサルタント
松永暢史

レポート07

子どもに積極的に話しかける父親の元で育った子どもは、言語能力が発達している

ノースカロライナ大学

文化庁が平成7年度から毎年実施している「国語に関する世論調査」というものがあります。これは、日本人の国語に関する意識や理解の現状に関する調査で、毎年実施しているため、言葉遣いやコミュニケーションに対する意識の変化を伺い知ることができます。平成25年度の調査では、読書量に関する質問があり、1カ月にだいたい何冊くらい本を読んでいるかという質問に対し、「読まない」という回答が47・5%で最も多く寄せられました。また、「読書量は減っている」と考える人が65・1%にのぼるなど、読書量の減少が顕著になってきています。こうした読書量の減少も影響しているのか、

国語力や語彙力の低下が叫ばれています。読書を通じて、さまざまな表現に触れることで、語彙は増えていくと考えられるからです。

また、語彙力の低下を自覚している人が多いのか、最近、「語彙力」をテーマにした書籍の発刊が相次いでいます。ビジネスの現場では世代の違う人との接点も多く、稚拙な言葉使いや乏しい語彙がデメリットになると感じている人が多いのかもしれません。そのため、意識的に語彙力を鍛えようという人が増えているのでしょう。こうした意識は家庭にも影響を与えており、子どもの語彙力や国語力の向上に注目が集まっています。家庭で子どもに読み聞かせや読書をさせようとする親が多くなっています。

こんな調査報告もあります。ベネッセコーポレーションでは「語彙・読解力検定」を実施しているのですが、グループ内シンクタンク「ベネッセ教育総合研究所」と共同で、全国の高校生から社会人計３１３０名を対象に語彙力に関する調査を行いました。２０１７年に実施された同調査では、語彙力の高い高校生は思考力や表現力が高いということがわかりました。また、社会人は語彙力が仕事での活躍や出世、就職試験で役立ったと感じていました。そんな語彙力や国語力ですが、父親の関与がプラスに働くという研究報告があります。

第5章でも紹介しましたが、アメリカ・ノースカロライナ大学とペンシルベニア州立大学の教授らが行った調査では、子どもの言語発達において、父親の影響が大きいという結果が出ています。遊びのなかで、多様なボキャブラリーを使っていた父親の子どもを1年後にテストすると、より大きな言語発達を示したといいます。一方で、同じく多様なボキャブラリーを使っていた母親の子どもを1年後にテストしても、言語スキルに大きな変化は見られませんでした。さらに、この研究の追跡調査の所見では、生後3年の間に質の高い育児を受けた子どもは、表現力の豊かさを試す言語発達テストにおいて、通常の3歳よりも高いスコアを記録したと言います。

そのため以前から各地で報告されてきた他の研究報告と一致して、両親の教育水準が子どもの言語能力に大きな影響を与えていると結論づけています。そのほか2歳の子どもを持つ共働き夫婦を対象にした追跡調査も行った結果では、子どもに積極的に話しかける父親の元で育った子どもは、あまり子どもに話しかけない父親の元で育った子どもと比べ、3歳時点での言語能力が遥かに発達していたことがわかりました。

発達期の親子の会話で言語理解機能に好影響が

国内でも子育てと言語力に関する研究レポートが東北大学加齢医学研究所・認知機能発達（公文教育研究会）寄附研究部門（川島隆太教授）から発表されています。一般から募集した健常小児（5歳から18歳）に対して、テレビ視聴を含む生活習慣などについて質問、知能検査をしたのち、MRI撮影を行いました。一部の参加者は3年後に再び、研究に参加して、再度、知能検査とMRI撮影を受けました。こうして揃ったデータ262名分を解析した結果、長時間、親子で過ごすことが、脳の右上側頭回の発達性変化や言語理解機能に好影響を与えることが明らかになりました。

そのため、子どもの発達期における親子の相互作用が子どもの言語発達に重要であることが示唆されています。こうした脳画像解析、大規模データの使用、そして数年の期間をおいた縦断解析といった手法を用いて、子どもの発達期における親子の相互作用が子どもの言語機能に好影響を与える神経メカニズムを明らかにした研究はあまりなく、貴重な研究報告になっています。

父親の読み聞かせで言語表現が豊かになる

ハーバード大学では読み聞かせを父親がしているとき、子どもの脳内では、想像力が活発に刺激されていることに着目する研究があります。研究者たちの見解は、母親が読むのと違い、父親の読み聞かせは、子どもの考える力や興味を引き出す傾向にある、というものです。これが「言語発達にも大いに役立つ」と示唆されています。この効果は、女の子のほうが顕著で、1年間を通して行われた調査研究では、女の子は母親よりも、男親に絵本を読んでもらうことで、言語表現が豊かになることが明らかになりました。

父親による読み聞かせは、子どもの内なる期待を引き出すと考えられています。たとえば、料理や掃除と同じように、絵本を読むことも子どもたちの感覚の中に、どこかで「これは母が主にやってくれること」という意識があると指摘しています。それを父親がしてくれることによって、子どもたちは特別な期待感を感じるのではないという見解です。

また、研究では一部の男親が絵本を読みかせるときに、抽象的でより複雑な言語を使っていることが判明しました。それらの父親は、本の中の出来事と、子どもが実際の生活の中で感じる体験や経験をつなぎ合わせようとしたと言います。たとえば、本の中にハシゴが出てきたら、ハシゴを使って屋根に登ったり、どのように使うべきか経験を交えて子どもに説明するのです。これは、母親には見られない説明の仕方だったと言います。母親たちは、主に本の内容や詳細に焦点をあて、本に登場するものの名前を聞いたり、数を数えたり、色を識別させたりする傾向にあると言います。意図的に違う読み方をしていたのかは定かではありませんが、興味深い指摘のひとつです。

問いかけ法07

習った言葉は家庭で使い、定着させる。親子の掛け合いで増える語彙。

算数、理科、社会……。すべての学習において、ベースとなる学力が国語力です。漢字の読み書きはもちろんのこと、設問の意図を読み解き、正しい日本語で解答する力はどんな科目でも必要となります。また、国語力は社会人になってからもさまざまな場面で問われることになります。メールを使ってのやり取り。報告書やレポートなど文書をわかりやすくまとめる力。商品やサービスのプレゼンテーションをするときにも、魅力的に伝える言葉の力が必要です。社内外のコミュニケーションでも基礎となるのは国語力だと言えます。そんな国語力を子どもの頃から意識的に伸ばしていくためには、どうすれば良いのでしょうか？

国語力をあげるコツはインプットする耳を鍛えること

意外に思われるかもしれませんが、その鍵を握るのは聴覚です。5歳までに子どもの聴覚を鍛えると、国語ができるようになるというのが、私の持論です。私が子どもの頃は、さおだけ屋の移動販売車が頻繁に近所を通り、売り子のアナウンスが聞こえてきました。また、誰かが三味線を弾きながら歌っている声もよく聞こえてきましたが、幼い頃から文化的な音を中心に、さまざまな音に触れることが大切です。こうして耳からいろいろな人の言葉遣い、言葉のリズムなどをインプットしていくことで、言葉の引き出しが増えていきます。

さらに子どものうちから古文を音読すると、国語力があがると考えています。古文には、古い時代の人たちが使っていた日本語が使われています。いずれも歌い継がれてきた名句や名文ばかりで、リズムの良い日本語によって構成されています。そんな古文を耳から取り込むと、自然と日本語のリズム感が良くなり、作文なども上手に書けるようになっていきます。古文に書かれた日本語は、その時代によく使われていた言葉が収録されています。あまり使われなくなった言い回しや、上手ではない文章は淘汰され、掲載されていません。

数ある古文の中で、最も重要なのが、平安時代の『古今和歌集』です。『古今和歌集』は醍醐天皇が紀貫之らに和歌の撰集を命じて作らせ、1000を超える和歌が掲載されています。この『古今和歌集』で平安時代の日本語の音、体系、表現技法などが確立し、以降は文体が統一されました。その代表が『仮名序』です。また、鎌倉時代に入ると、『源氏物語』のリズムや物語文体を吸収した散文の『徒然草』が登場します。『徒然草』は江戸時代には人生教訓の書としてもてはやされ、藩校や寺子屋でも教材として使用されたと言います。したがって、江戸時代以降は幼児期に『徒然草』を学ばなかった人はいなかったのではないかと推測できます。古文が国語力のベースになったわけです。私は現代でも、こうした音も内容も優れた古文を家庭で音読することを薦めています。

古文の音読をすることで国語力があがる理由とは？

どうして文体の異なる古文の音読で、国語力が向上するのか？　当初、私も経験則から音読の効果を実感していたものの、その理由を明確には説明できませんでした。しかし、『徒然草』の音読をさせていると、どんな子でも国語の成績が飛躍的に上がり、他の教科もめきめきと実力がついていきました。そこでひとつの仮説を立てました。同一の言語では、古い時代に使われていた「音」を習得すると、そのあとの時代の言葉の習得が楽になるのではないかという仮説です。平安時代や鎌倉時代などに使われていた、いわゆる古文・古語と、いま私たちが日常的に使っている現代語は、文法や言葉の意味などにおいて、異なる点があります。それは長い時間をかけて言葉が生き物のように変化してきたからです。とはいえ、言葉とは変化するもので、現代語も例外ではありません。毎年のように新しい単語が生まれ、言葉の持つ意味が変化することもあります。文法も同様に変化していきます。しかし、どんな変化も連綿と続く日本語という言葉の延長線上で起こっているにすぎません。

また、昔の人たちが言葉を学習する際に、その時代の作品ではなく、常に先行する時代の古典を教材として使っていたはずです。江戸時代の藩校や寺子屋では『徒然草』が使われ、『徒然草』の作者の吉田兼好は、ひと時代前の『源氏物語』や『枕草子』などで学んだでしょう。そして、『源氏物語』や『枕草子』の作者は『古今和歌集』や『竹取物語』を教材にしていたと推測できます。つまり極論すると、日本最古の作品から学習をはじめると、その後のすべての時代の作品が楽に読めるようになるわけです。したがって、私は子どもの国語力をあげる古文の音読をする際に注意するポイントとして「古い時代のものから新しいものへ順に読み進めること」をあげています。

大きな声で1音1音を区切りながら、はっきり読む

音読でのもうひとつのポイントは、「大きな声で1音1音、区切ってはっきり読むこと」です。日本語は1音1音にも意味がある言語です。同時に1音1音に母音が付きます。そのためはじめは頭では理解できなくても、この読み方を続けていくうちに直感的に言葉を操れるようになっていきます。作文など文章を書くときにも大切なのは、音やリズムです。知性よりもまずは音やリズムを習得することが重要で、英単語や英文法を理解していても、英文を書くのが大変に感じるのは、体に染み込んだ英語のリズムがないからです。音楽でリズム感が大事なように、言葉もリズムが大切です。日本語の場合、大和歌の頃からの変わらぬリズムがベースとなっているため、そのリズムを子どものうちにマスターすることで、国語力を育む基礎ができるわけです。

学校で覚えた新しい表現を家庭で使うことで語彙力は伸びる

また国語力の中でも、とくに近年、注目が集まっている能力が、語彙力です。気持ちを表現したり、情報を伝達する際の語彙が乏しいことが指摘されていますが、語彙力はどうすれば伸ばすことができるのでしょうか？　たとえば、「示唆する」という言葉を学校で習ったとします。このとき示唆するという言葉だけを覚えても意味がありません。日常会話で使ってこそ、学習する意味があり、身についていきます。

そのため、日頃から「お前は先生が示唆していることがわからないの？」など、習った言葉をあえて生活の中で使ってみるよう、家庭で子どもに促すと良いでしょう。親は「覚えたばかりの漢字や言葉を、日常会話で上手に使えたらかっこいいし、頭がいいし、気持ちがいいよね」などと、新しく覚えた言葉を使う意義を語り、子どもをその気にさせる努力をすべきです。もし、子どもが「示唆する」と日常で使ってくれたら、多少不自然でも「何を示唆してるの？」などと会話に付き合い、その言葉を使う場面を増やす手伝いをしてあげましょう。すると語彙が段々と増えていきます。そのためには子どもが発した言葉に、親は常に敏感でいることが大切です。子どもは持ち前の聴覚力を発揮し、小さい子どもでも親がびっくりするような難しい表現を使いこなすようになっていくはずです。

小学校の高学年にもなってくると、漢字2字からできている言葉も多数出てきますが、中でもとくに抽象化に使う言葉は、重要な文章の述部として使われます。たとえば「確認する」といった言葉などです。こうした抽象語の理解があやふやでは、文章の意味を把握しきれずに、読解力に差がついてしまいます。一説によると、新聞が苦労なく読めるようになるには、2字からなる漢字抽象語を500くらい覚えれば良いと言われています。それほど多いとは言えない数でしょう。抽象語は優先して使いこなせるよう、子どもたちと工夫しながら、一緒に覚えていきましょう。

専門雑誌なら自然な形で抽象語を学ぶことができる

抽象語の学習で有効なのが、専門雑誌を読むことです。将棋の藤井聡太さんが「僥倖」や「望外」といった言葉を対局後の会見で使ったと、驚きをもって伝えられたことがありました。おそらく将棋雑誌などで覚えたのではないでしょうか？　先輩棋士が僥倖を使ったコメントを誌面で見て、言葉を身につけた可能性があります。したがって、何か趣味を持っている子どもには、その専門誌を与えてあげると、抽象語に強くなります。多少難しい言葉が出てきても、好きな分野のことなら、自分で調べたり、行間から理解しようとするからです。

また、カードゲームをすることも抽象語の学習には極めて良いと思います。対戦型のカードゲームには「召喚」など難しい言葉でキャラクターの能力や解説が書いてあるものがあります。そのためカードゲームを販売している会社には、友だちと勝負をしていて、使い方のわからないカードが出てきたと、子どもたちから言葉の説明を求める電話がかかってくるそうです。遊びながら抽象語を学ぶと覚えるのも早いですから、カードゲームは最適です。余談ですが、買うのがもったいないと、カードゲームを自作した子どもを知っています。見よう見真似でイラストを描き、本来のカードを真似て、抽象語を使った解説文も自分で1枚1枚書いて作ったそうです。作文を書くよりも、大変な労力が必要で、非常に勉強になったのではないでしょうか。男の子はこうしたカードゲームが好きなのでおすすめです。

親子の共通の話題を本に。読書が当たり前になる空間作り

もちろん、読書も語彙力の向上には効果的です。子どもがまだ幼いなら、読み聞かせをして日本語の音に触れさせるのも良いでしょう。また、読書が当たり前の習慣になる

ような家庭での空間作りも大切です。テレビをリビングには置かず、テレビゲームがたやすくできるような環境は絶対に作らないというのが、私の考えです。テレビゲームがあると、子どもたちはゲームばかりしてしまいます。その誘惑にはなかなか勝てません。テレビの代わりにリビングに置くのは、本棚です。そこに父親や母親も自分が読んだ本を並べていきます。そして、食卓での話題は本についてです。「来月はどんな本を買おうか？」と家族で会話したり、「友だちから聞いたんだけど、なんとかの冒険っていう本が面白いみたいだよ」と情報交換すれば、読書するのが習慣になっていきます。

また、本の内容を取り込むためには、読んだ感想を他人と議論することです。一冊の本を家族で回し読みし、「どうしてあんな結末になったんだろう？」「読んでどう思った？」など、話をするわけです。すると、語彙力はもちろんですが、思考力が伸びます。こういう家庭は子どもの国語力が非常に高いと私は経験上、思います。学校でも読書感想文などの課題を出すことで、読書を促していますが、「読書感想文」という堅苦しい名称がやる気を削いでいるのではないでしょうか？　読書感想文という名称を「面白い本を他人に紹介すること」に変えてみたり、宿題も「ぐんぐんわかって気持ちが良くなるおさらい」などと、子どもたちに楽しさが伝わる名称にしてみてはと思ってしまいます。

子どもの学習意欲を高めるため親が社会の行く末を語る

国語力に限らず、子どもを正しく教育していくためには、社会が将来どうなるのかを説明できることも大切だと思っています。なぜ学ぶのか、何をどう学ぶのか、子どもたちが自分の能力を伸ばし、生かしていくためには、努力する方向性を指し示してあげることが重要だからです。天才と呼ばれる人たちも、天才的な能力を発揮しているのは、あくまで一部分にすぎません。その人の全体が輝いているのではなく、ある部分が優れているだけです。つまり、誰でも自分の部分を磨き、特殊化すれば、結果的に「天才」にはなれなかったとしても、輝くことができるわけです。そして、自分は何を特殊化すべきか、偶然気づくのではなく、自分で見つけ、気づくこと。それが大切です。

たとえば自分は文章を書くのが向いている。少なくとも、書いていて苦痛を感じない。あるいは、他の人と比べても作文をあっという間に終わらせることができる。そんな風に自分の能力と対話して、職業と結びつける習慣を与えます。すると社会に出たときに仕事や会社に翻弄されることがなくなります。インターネットが普及したことで、自分が良いと思った商品やサービスをすぐに事業化することができる時代です。すでにそのようにして成功を手にした人もたくさんいます。会社に縛られることなく働ける時代になったわけです。そして、人生で大切なのはお金よりも時間です。人生には限りがあります。そのため時間を有効に使うことのほうが重要です。何もすることがないのなら、ゲームをして時間を潰すのではなく、将来がもっと面白くなるための準備に使うべきです。片付けをしたり、楽器を弾いたり、良い景色を眺めに出かけたり、暇なときこそ意味のあることをすることです。そんなことを子どもたちに伝えていくのも、父親の役割です。

幼い子どもには、読み聞かせで日本語の音に触れさせる。
また、テレビをリビングには置かず、
読書が当たり前の習慣になるような空間作りを

その7「語彙・国語力を育む問いかけ法」まとめ

- 国語力は5歳までに耳から鍛える
- 古文の音読がとくに効果的
- 古典は古い時代から新しい時代へと順に読み進める
- 大きな声で1音1音区切りながらはっきりと
- 学校で覚えた言葉を家庭で使うことで語彙が定着
- 文章読解の鍵となる抽象語はとくに重点的に覚える
- 専門雑誌を購読すれば難しい表現も覚えることができる
- カードゲームも抽象語の学習に効果的
- 本の感想を家庭での会話の種にする
- 家庭では読書が当たり前になる空間作りを

第8章

メンタルヘルスを育む

レポート

「父親の育児支援は子どもの健康的な成長を助ける」

アメリカ合衆国保健福祉省

レポート08

父親の育児支援は子どもの健康的な成長を助ける

アメリカ合衆国保健福祉省

ビジネスで成功を収め、名声や高い収入を得るためには、これまでご紹介してきた「やり抜く力」や「問題解決力」「道徳心」「挑戦意欲」などのほかに何が必要となるでしょうか？　どんな業界に入るのか？　就職先はどこにするのか？　先を見通すビジョンも必要でしょう。自分で起業するなら、優秀なスタッフを集める人脈力や、人を導くリーダーシップや愛嬌などもあったほうが良いかもしれません。プロフェッショナルとして活躍するなら、知識や技術力も問われるでしょう。そんなスキルや能力に加え、プレッシャーに打ち勝ったり、自分を信じるための健やかなメンタルも重要ではないでしょうか？

企業で働けば、設定されたノルマを達成しなければいけないプレッシャーにさらされたり、職場の人間関係に頭を悩ますこともあります。上司からの過度に期待されたり、クライアントからの理不尽な要望に応えなければいけないケースもあるかもしれません。こうしたストレスやプレッシャーから体調を崩したり、うつ病になってしまう人も多くいます。そのため心のケアに積極な企業も増えています。採用の段階で学力や人柄に加え、ストレス耐性や精神的に安定しているかどうかをチェックすることも一般的となっています。将来、子どもたちが社会で成功するために欠かせない健全なメンタルヘルスをどのように育めば良いのでしょうか？

アメリカ合衆国保健福祉省では父親の育児支援が子どもの健康的な成長を助けると指摘しています。１９８７年から２００７年までの20年間に米国で行われた２万２３００人を対象に行われた研究によるもので、父親との関係が良好な子どもは犯罪行為や問題行動が少なく、学力も高く良い友人関係が築けるといいます。とくに社会的経済的に恵まれていない家庭では、その影響は大きいと言われています。16歳の時点で父親と良好な関係を保っていた女性は、33歳時点においてパートナーとの関係もよく、心身ともに健康で充実しているケースが多いといった統計データもあります。

行動に自信が持てるようになると他人を責めないようになる

またイギリスのCivitasという学校運営や出版物の発行を行う教育機関が発行する『How Do Fathers Fit In?』に、こんな指摘もあります。子どもが学童期の頃になると、多くの父親は子どもに新しいことを経験させ、しかも自分ひとりでするように促す傾向にあります。当初は上手くできませんが、励まし続けされることで、学んでいきます。そして、できるようになると、「ひとりでできた！」と自信を持てるようになります。さらに子どもは、自分の感情やモチベーションをコントロールして、責任を持って成し遂げようとする姿勢が芽生えていきます。つまり、この時期に父親が十分に関与すると、子どもは自分の成功や失敗は、もっぱら自分の努力が原因であるということを理解するようになり、他人のミスを責めなくなるといいます。

スポーツのような遊びを通じて、自然な形で感情をコントロールする方法を教えたり、友だちやチームメイトと協力関係を築くコツを子どもに教えるのは、母親よりも父親の比重のほうがずっと大きいと指摘します。父親は、子どもが社会と良好で強固な関係を樹立できるように、長期にわたって子どもを支援し続ける傾向にあるといいます。子どもが大人になるためには、こうした気持ちをコントロールする術を学ぶこともとても重要です。幼少期から体験を通じてこれらを学ぶ機会が少なければ、大人になり、社会に出たとしても、周囲と関係を築くのが苦手になってしまう恐れもあります。こうした心の成長にも、父親が大きく関与できる可能性があるというわけです。

思春期の心の成長にも父親と過ごす時間が良い影響に

情緒が不安定になりやすい成長期といえば、いわゆる思春期です。些細なことでイライラしたり、意味もなく反抗したくなる時期ですが、個人差もあり、厳密に年齢で区切ることは難しいですが、一般的に12、13歳から20歳前後を指します。親と距離を置くようになり、友人と過ごす時間が増えたり、親と一緒に行動することを嫌がるようになる一方で、思春期に子どもの価値観を作り上げたり、心の平穏を取り戻すためには、父親の存在が重要だと前述したCivitasの『How Do Fathers Fit In?』では指摘されています。

また、思春期には子どもは親との距離を取りたがりますが、親のほうも反発する子どもに手を焼き、静観したり、積極的にかかわらないようにする家庭もあると思います。しかし、アメリカの厚生省が発表している『The importance of Fathers(父親の重要性)』という文書の中では、思春期に父親が積極的に関与した子どもは、身体的にも精神的にもより健康である場合が多く、学業成績も良いとされています。

さらに日本ではあまり報告がないかもしれませんが、イギリスのFatherhood

Institute（父親協会が「子どもの学習や達成に及ぼす父親の影響」として、離婚などの理由によって、親子が別居している家庭においても、子どもと同居していない父親が外出したり、食事にでかけたり、一緒に過ごす時間を継続して持つことができれば、子どもの学業成績が上向くといった報告をしています。

そのほか、女性は将来、父親に似た男性をパートナーに選びがちといった指摘をする人がいますが、女性は子どもの頃から父親を見て男性の考え方や行動を理解するという報告もあります。反対に父親が不在がち、もしくはシングルマザーの家庭で育った女性は、思春期が早く訪れるなど、年齢の変化が他の子どもよりも早いといった統計データも見られます。これも父親の子どもへの精神的な影響かもしれません。

参考文献

【書籍】

『“知識の構造図”を生かす問題解決的な授業づくり 社会科指導の見える化＝発問・板書の事例研究』（著・北 俊夫／明治図書出版）

『「言葉がけ」ひとつで子どもが変わる』（著・原坂一郎／ PHP 研究所）

『子どもの本当の気持ちが見えるようになる本』（著・原坂一郎／すばる舎）

『叱らず、問いかける 子どもをぐんぐん伸ばす対話力』（著・池上 正／廣済堂出版）

『伸ばしたいなら離れなさい サッカーで考える子どもに育てる 11 の魔法』（著・池上 正／小学館）

『サッカーで子どもの力をひきだす池上さんのことば辞典』（監修・池上 正／カンゼン）

『未来の学力は「親子の古典音読」で決まる！ 簡単、単純、誰でもできて国語力が飛躍的に伸びる』（著・松永暢史／ワニブックス）

『将来の学力は 10 歳までの「読書量」で決まる！』（著・松永暢史／すばる舎）

『男の子を伸ばす父親は、ここが違う！』（著・松永暢史／扶桑社）

『親子で遊びながら作文力がつく本』（著・松永暢史／主婦の友社）

『子どもの類推能力の発達』（著・細野美幸／風間書房）

【論文】

『父親の関わりが児童期の社会性に及ぼす影響』（秋光恵子、村松好子）

『父親・母親の養育態度が幼児の自己制御に及ぼす影響』（中道圭人）

『幼児期の自己制御機能の発達（3）　父親と母親の態度パターンが幼児にどのような影響を与えるか』（森下正康）

『大学生の自己主張と自己の発達』（佐藤淑子）

『保育の質と子どもの発達：アメリカ国立子ども人間発達研究所の長期追跡研究から』（日本子ども学会）

『家庭での環境・生活と子どもの学力』（浜野 隆）

『家庭環境が子供の能力形成に与える影響～認知能力・非認知能力に注目して～』（山本美沙）

『父親の養育行動と思春期の子どもの精神的健康』（石川周子）

『家庭の経済格差と子どもの認知・非認知能力格差の関係分析　2.5万人のビッグデータから見えてきたもの』（日本財団）

『育児における父親の役割と保育指導に関する研究』（川井尚、庄司純一、恒次欽也、横井茂夫、若麻績佳樹、大藪 泰、前田忠彦、森田英雄、倉繁隆信、奥原義保、北添康弘、吉田弘道、David Shwalb、野尻 恵、尾崎真理子、安藤朗子、甲斐静江、西林洋平）

『男性の子育てと社会環境についての研究　事例研究に見る男性の子育ての有益性』（前田由美子）

『育児期の父親が子どもとの関係性を高める要因　フォーカス・グループ・インタビューの質的分析』（加藤邦子）

『子どもの体験活動の実態に関する調査研究』（国立青少年教育振興機構）

『父親の育児参加の実態』（柳原眞知子）

『問題解決の「示唆」についての研究　子どもはどのようにして未知の状況において「経験」を構成しようと試みるのか』(藤井千春)

『問題解決学習における問題意識と学習問題に関する一考察　初期社会科の「切実な問題」の再提起』(橋本祥夫)

『日本の幼児の自己主張はなぜ洗練されないのか：2歳、2歳半、3歳時点の自己主張の変化と親の認知』(高濱裕子、渡辺利子)

『1～2歳の子ども同士のやりとりにおける自己主張の発達的変化』(野澤祥子)

『"Keep on Keeping On, Even When It's Hard!": Predictors and Outcomes of Adolescent Persistence』(Laura M. Padilla-Walker, Randal D. Day,W. Justin Dyer, and Brent C. Black)

『Gender Differences in Parenting Styles and Effects on the Parent-Child Relationship』(Dr. Heather C. Galloway,Dr. Shirley S. Ogletree)

『Differences Between Mothers And Fathers In Teaching Style And Child-Rearing Practices』(Keith Barton,L. K. Ericksen)

『Transnational Relations Between Perceived Parental Acceptance and Personality Dispositions of Children and Adults: A Meta-Analytic Review』(Abdul Khaleque and Ronald P. Rohner)

『The Common Roles of Fathers: The Five Ps』(Kate Fogarty,Garret D. Evans)

『The Hidden Benefits of Being an Involved Father』(Kate Fogarty,Garret D. Evans)

『Fatherhood it's the best job on the planet. The Father Tool kit』

『The Importance of Fathers in the Healthy Development of Children』

『Father involvement in early child-rearing and behavioural outcomes in their pre-adolescent children: evidence from the ALSPAC UK birth cohort』(Charles Opondo,Maggie Redshaw,Emily Savage-McGlynn,Maria A Quigley)

『Why do some dads get more involved than others? Evidence from a large British cohort』(Daniel Nettle)

『Height And Reproductive Success In A Cohort Of British Men』(Daniel Nettle)

『Growth mindset tempers the effects of poverty on academic achievement』(Susana Claroa,David Pauneskub,Carol S. Dweckb)

『State Of The World's Fathers』

『The Effects of Involved Fatherhood on Families, and How Fathers can be Supported both at the Workplace and in the Home』(Scott Behson,Nathan Robbins)

『What to do about missing values』(A.Acock)

『The effect of severity of initiation on liking for a group』(E.Aronson,J.Mills)

『Toward a unifying theory of behavioral change』(A.Bandura)

『Infants' persistence and mothers' teaching as predictors of toddlers' cognitive development. Infant Behavior & Development』(P.Banerjee,C.Tamis-Lemonda)

『The influence of parenting style on adolescent competence and substance use』(D.Baumrind)

『Persistence toward bachelor degree completion of students in family and consumer sciences』(L.Blecher)

『Social cognitive predictors of college students' academic performance and persistence』(S.D.Brown,S.Tramayne,D.Hoxha,K.Telander,X.Fan,R.W.Lent)

『The NICHD Study of Early Child Care and Youth Development:SECCYD』(NIH,Eunice Kennedy Shriver,NICHD)

『child outcomes when child care center classes meet recommended standards for quality』(NICHD)

『the NICHD Study of early child care:contexts of development and developmental outcomes over the first 7 years of life』(J.Brooks-Gunn,A.S. Fuligni,l.J.Berlin)

『characteristics of infant child care: factors contributing to positive caregiving』(NICHD)

『familial factors associated with the characteristics of non-maternal care for infants』(NICHD)

『Before Head Start: income and ethnicity, family characteristics, child care experiences,and child development』(NICHD)

『A study of the relationships among learning strategy-use, self-efficacy, persistence and academic achievement in middle school students』(L.Zhang,X.Zhang)

『Differential Parenting Between Mothers and Fathers Implications for Late Adolescents』(Cliff McKinney,Kimberly Renk)

『Freshman orientation, persistence, and achievement: A longitudinal analysis』(J.E.Burgette,S.Magun-Jackson)

『Group intervention with second graders at risk for behavioral problems: A pilot study』 (S.C.Castillo,G.R.Holmes,K.Gardner)

『Why adolescents may be less culpable than adults』(E.Cauffman,L.Steinberg)

『Parenting style as context: An integrative model』 (N.Darling,L.Steinberg)

『Mother and father connectedness and involvement during early adolescence』 (R.D.Day,L.M.Padilla-Walker)

『Anger/frustration, task persistence, and conduct problems in childhood: A behavioral genetic analysis』 (K.Deater-Deckard,S.A.Petrill,L.A.Thompson,L.S.De Thorne)

『Emotional self-regulation in preschoolers: The interplay of child approach reactivity, parenting, and control capacities』 (T.Dennis)

『Self-esteem and persistence in the face of failure』 (A.Di Paula,J.D.Campbell)

『Development and validation of the short grit scale (Grit-S)』 (A.L.Duckworth,P.D.Quinn)

『Barriers to transfer student academic success and retention』 (M.H.Duggan,J.W.Pickering)

『Age changes in prosocial responding and moral reasoning in adolescence and early adulthood』 (N.Eisenberg,A.Cumberland,I.Guthrie,B.Murphy,S.Shepard)

『Effects of social values, effort training, and goal structure on task persistence』 (R.Eisenberger,D.M.Kuhlman,N.Cotterell)

『Development of the Family Ritual Questionnaire: Initial reliability and validation studies』 (B.H.Fiese,C.A.Kline)

『School engagement: Potential of the concept, state of the evidence』(J.A.Fredericks,P.C.Blumenfeld,A.H.Paris)

『Impact of parental discipline methods on the child's internalization of values: A reconceptualization of current points of view』(J.E.Grusec,J.J.Goodnow)

『Examining the relationship between adolescent sexual risk-taking and perceptions of monitoring, communication, and parenting styles』(A.J.Huebner,L.W.Howell)

『Relations of parent-youth interactive exchanges to adolescent socioemotional development』(R.L.Hutt,Q.Wang,G.W.Evans)

『Parenting and perceived maternal warmth in European American and African American adolescents』(J.Jackson-Newsom,C.M.Buchanan,R.M.McDonald)

おわりに

子育てというのは、なかなか思うようにいかないものです。何度、注意しても、部屋を片付けてくれなかったり、挨拶をしなかったり、直らない癖や生活態度に、イライラしてしまうこともあると思います。学力や成績が伸びずに、「ちゃんと勉強しているのか！」と、つい声を荒げることもあるでしょう。子どもの将来を考えて、親は手を尽くしているのに、それが子どもには伝わらず、歯がゆい思いをすることもあります。自分にまつわることであれば、自らの努力や意志で対処できますし、もし努力しなかったとしても、自己責任として割り切ることができます。ですが、子どものことになると、親は背中を押したり、見守ったり、サポートすることしかできません。

しかも、相手は未熟な子どもです。会社などで分別のある大人を相手にしているのとは、わけが違います。もちろん分別のない大人もいますが、話せば理解してくれることがほとんどでしょう。子どもの場合には、言葉でいってても理解してもらえないこともあります。そのため、はじめての子育てで、伝え方や接し方がわからず、経験不足が上手くいかない原因だったとしても、自分はダメな親かもしれないと、やるせない気持ちに襲われることがあると思います。とくに父親は母親と比べて、子どもと接する時間が短いという現状があります。接する時間が短ければ、積み重ねられる育児経験も少なく、父親としての自分に自信を持つことがなかなか難しいでしょう。

ただ、こうした親子で過ごす時間はかけがえのないものです。体験を共有し、濃密な時間を一緒に過ごせるのは、人生において、ほんの数年だといえるでしょう。だんだん親の手を離れて、自分の人生を歩んで行きます。後年になって、我が子にこんなことをさせれば良かった、もっとこうしてあげれば良かったと後悔しても、時間が戻って来るわけではありません。だとしたら、いま目の前にある日々の子育てを噛み締めて、楽しむことが大切です。どんなことでも子どもにとっては、貴重な経験になります。そして、その後の人生を生きて行くための糧になるわけです。

そんな子育てを楽しむためには、自信を持って子どもたちと接することが重要だと考えます。では、どうすれば、自信を持てるようになるのでしょうか？　たとえば、本書には父親が育児参加することで子どもに与える好影響をたくさん掲載しています。また、専門家の方々がより効果的な問いかけ法を伝授してくれています。具体的な方法や効果を知ることで、確信を持って、子どもと接することができるようになるはずです。

こんな効果があるのか！　問いかけにはこんな影響があるなんて。そんな風に専門家の方々の問いかけ法を参考にしていただけると幸いです。きっと心が軽くなり、親子のコミュニケーションを楽しめるようになるのではないかと思っています。コミュニケーションが増えれば、それだけ幸せな時間も増えていくはずです。その結果、子どもたちの可能性や未来が明るく開けていくのであれば、親としてこんなにうれしいことはないでしょう。

人口が減り、経済も停滞し、日本の将来について悲観的な意見を耳にすることが増えています。子どもたちはそんな時代を生きて行かなければいけません。失敗におおらかだった頃とは違い、きっと息苦しいと感じることも多いでしょう。社会を生き抜くために、親である私たちにいまできることは何なのか？　子育てを楽しみながら、大切なことを伝えていくことができる。本書がその手助けになれば、幸いです。

平成30年7月　マルコ社

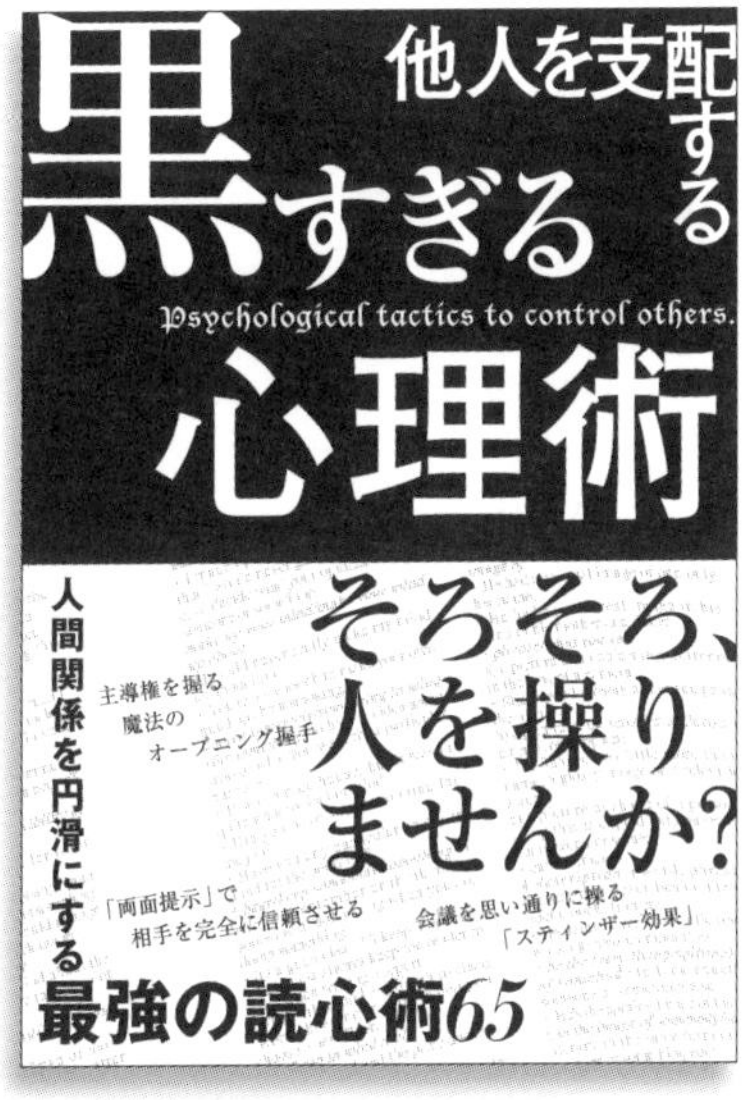

発行　マルコ社
編集　マルコ社
発売　サンクチュアリ出版
定価　本体 1300 円＋税
頁数　224P
ISBN　978-4-86113-677-1

他人を支配する黒すぎる心理術

――そろそろ、人を操りませんか？――
相手の心理を透視して〝操る〟ことで
コミュニケーションは驚くほど円滑になる！

「人を操る」ことは「良好な人間関係を築くこと」につながるのです！本書では人を操るための心理学や心理テクニックを照会するために、「心理学」「心理術」の専門家への取材を敢行。心理学の基本や相手の心を透視（見抜く）する技術について紹介するとともに、メインコンテンツでは相手の行動や心理を自分の意図した方向に誘導する心理術を多数紹介しています。その内容は日常の人間関係から、職場などのビジネスシーン、また恋愛の駆け引きで使える実践的なテクニックばかり！

発行　マルコ社
編集　マルコ社
発売　サンクチュアリ出版
定価　本体1000円＋税
ISBN　978-4-86113-679-5

一生使える"算数力"は親が教えなさい。

わからない問題にとことん向き合うことで「一生使える算数力」は養われる！ 学習のポイントは「親子の家庭学習」にあり

社会人になって大切になる「問題解決能力」を身につける基礎は、小学校の算数にあります。解き方のわからない問題に対して、とことん向き合う。この繰り返しが一生使える算数力を養うことにつながります。本書では小学校で習う算数の内容を単元ごとにポイントをしぼってわかりやすく解説。この１冊の内容をしっかりと理解すれば、お子様からの算数の問題についての質問にも、的確にわかりやすく答えられるようになります。本質的な理解が深まる図解・イラストも多数掲載！

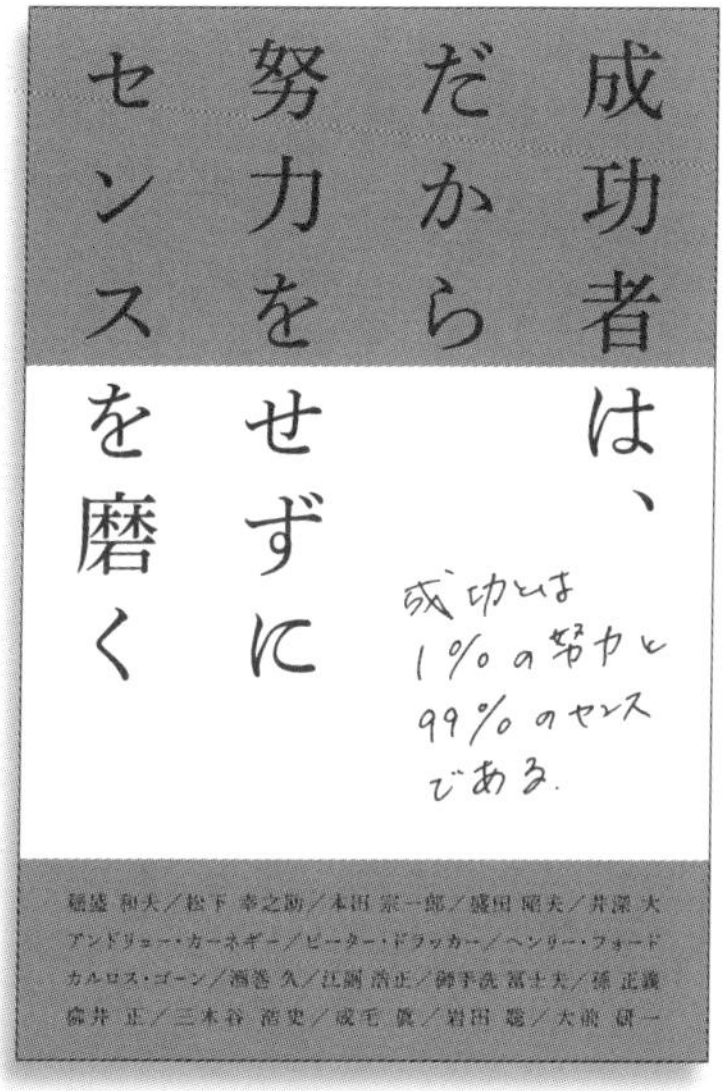

発行　マルコ社
編集　マルコ社
発売　サンクチュアリ出版
定価　本体 1300 円＋税
ISBN　978-4-86113-680-1

成功者は、だから努力をせずにセンスを磨く

成功とは1%の努力と99%のセンスである！
これまでのビジネスの教科書では教えてくれなかった
成功者たちの“センス”の磨き方を公開

ソフトバンクの孫正義氏、楽天の三木谷浩史氏など、若くして成功を収めた経営者たちは、常人とは違う圧倒的な“センス”を持っています。数字を読む力、ビジネスチャンスを掴む嗅覚、リスクを回避する危機管理力、そして運…。そんなビジネスの成功をつかむために欠かせない“センス”を、彼らはどうやって身につけたのでしょうか？　その答えを探すため、成功者たちの行動や習慣を、専門家の方々が徹底分析！　そこから見えてきた圧倒的なセンスの磨き方とは？　これまでのビジネス書では決して教えてくれなかった成功するための“センス”の磨き方を公開します。

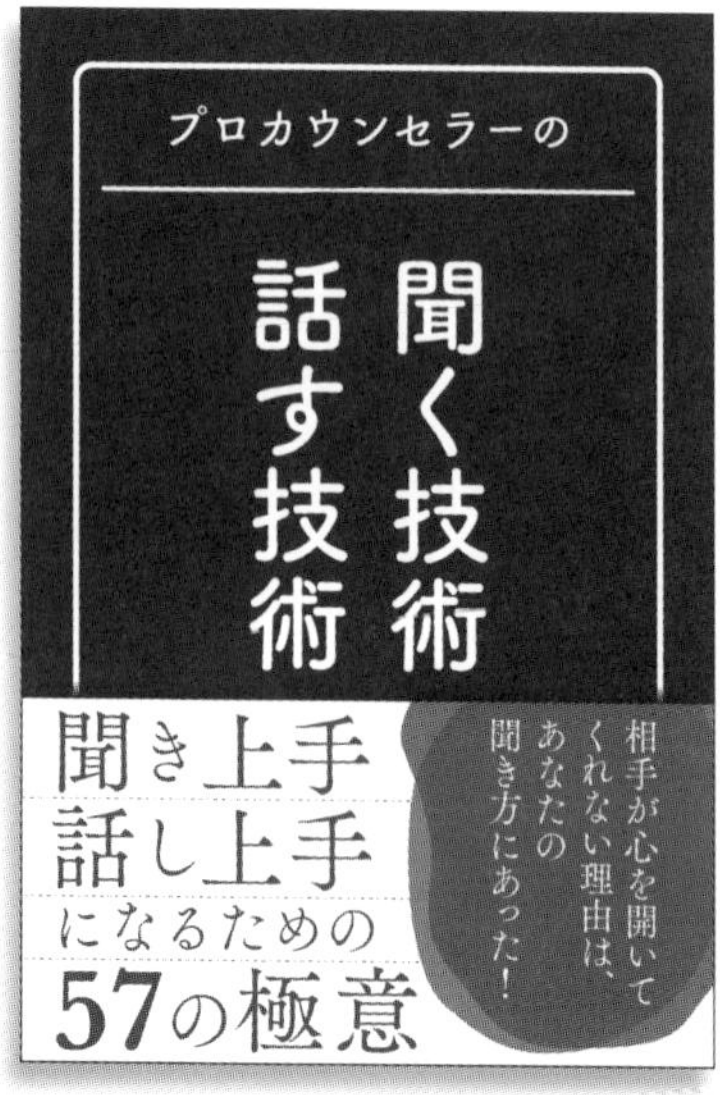

発行　マルコ社
編集　マルコ社
発売　サンクチュアリ出版
定価　本体1300円＋税
ISBN　978-4-86113-674-0

プロカウンセラーの聞く技術・話す技術

プロカウンセラーが使っている
「聞く技術」「話す技術」を徹底取材！
聞き上手・話し上手になるための57の極意とは？

「人の話を素直に聞けない…」「なかなか相手が想いを打ち明けてくれない…」。そんな悩みを抱える方々のために、「聞き方のコツ・話し方のコツ」をわかりやすく解説！　理論だけではなく、日々多くの相談を受ける「現場のプロ＝カウンセラー」に取材したからこその説得力のある充実の内容。社内での人間関係から夫婦間・友人間の会話まで、よりよい人間関係づくりの現場で役に立つ、目からウロコの「会話のコツ」が満載です。

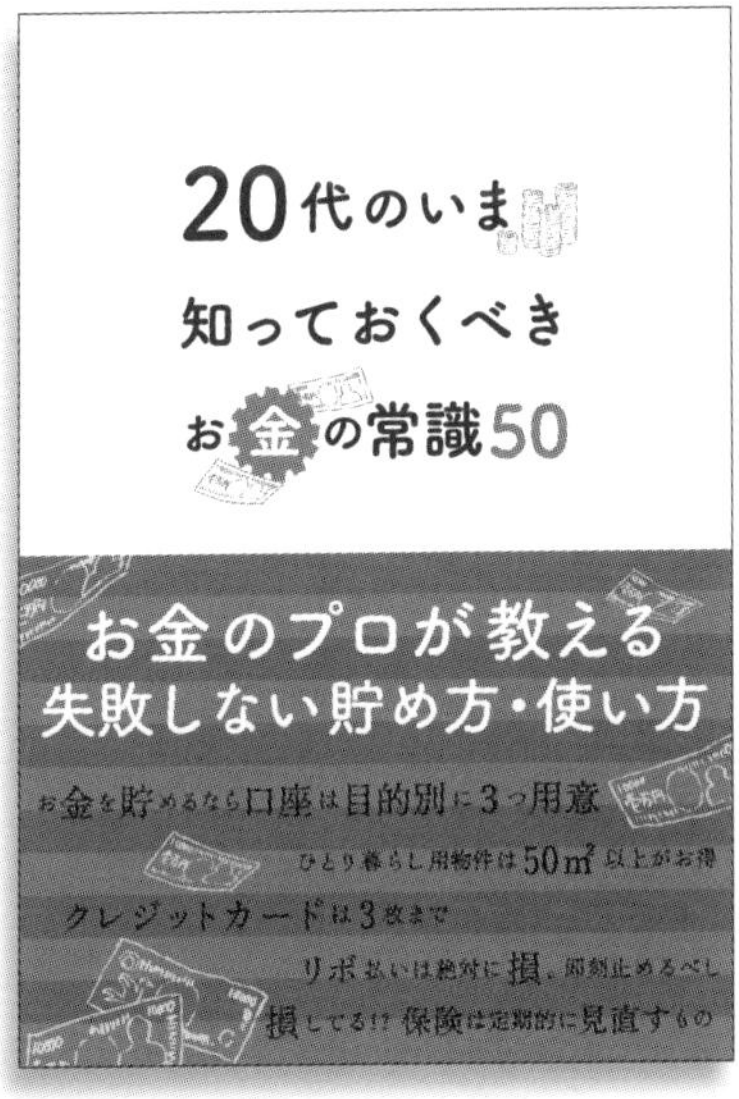

発行　マルコ社
編集　マルコ社
発売　サンクチュアリ出版
定価　本体1300円＋税
頁数　224P
ISBN　978-4-86113-673-3

20代のいま知っておくべき お金の常識50

お金の専門家に総力取材！
こんな時代だからこそ、知っておきたい
20代のための「お金の常識」を徹底解説

リーマンショック、3.11大震災の影響で、かつてない不安定な社会情勢が続くニッポン。経済の先行きが不透明になる中、ボーナスが減り、給料も思うようにあがってくれません。ワーキングプアと表現される若者は所得や貯蓄が少なく、貯金、結婚、住まい、老後の生活費など、「お金」に関する不安でいっぱいです。本書ではそんな20代の若者が抱える「お金の不安」を解消すべく、お金のプロへの総力取材を敢行。これからの社会を乗り切るための新たな「お金の常識」を提案していきます。失敗しないお金の貯め方・使い方がこれですべて分かります！

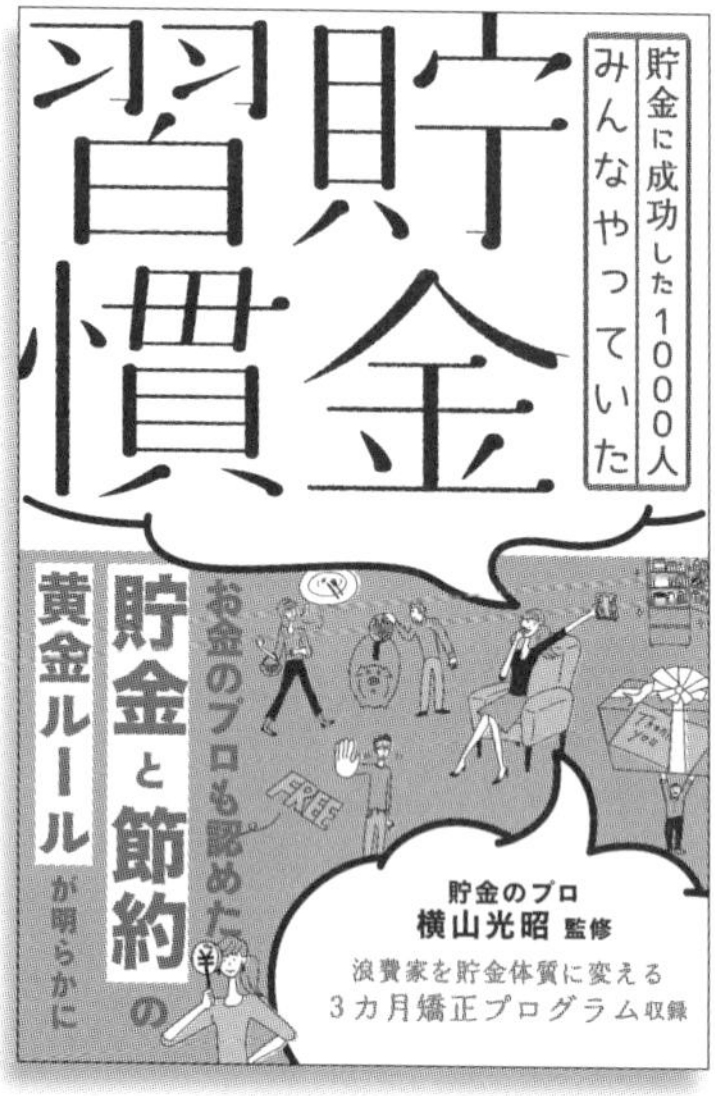

発行	マルコ社
編集	マルコ社
発売	サンクチュアリ出版
定価	本体1150円＋税
頁数	256P
ISBN	978-4-86113-676-4

貯金に成功した1000人みんなやっていた 貯金習慣

年収200万円でも貯金できる

貯金と節約の黄金ルールがあった！

貯金に成功した1000人が実践した貯金法を掲載！

貯金に成功した1000人が実践したリアルで本当に効果的な貯金法を掲載！ 貯金術や節約アイデア、給与を増やすコツ、投資の心得など、“増やすテクニック”も紹介しています。また、20万部突破のベストセラー『年収200万円からの貯金生活宣言』の著者・横山光昭さんが本書のために考案した「60日貯金矯正プログラム」も掲載！ 「貯金が続けられない…」「いくら貯金すればいいの？」など、貯金の不安・疑問がある方必見のマネー実用書です。

取材協力

第1章　やり抜く力を育む

桐川敦子（きりかわ あつこ）

日本女子体育大学 スポーツ健康学科 幼児発達学専攻 准教授。児童学修士。保育現場で25年間経験を積んだのち、現在の職に。研究テーマは、子どもの遊びと援助方法、保育者養成など。公益財団法人幼少年教育研究所研究員。一般社団法人奥村メソッド研究所理事。著書に『保育園・幼稚園のわくわく運動遊び』（成美堂出版）などがある。

第2章　問題解決力を育む

北 俊夫（きた としお）

東京都公立小学校教員、東京都教育委員会指導主事、文部省（現文部科学省）初等中等教育局教科調査官、そして岐阜大学教授を経て、国士舘大学教授に。現在は（一財）総合初等教育研究所参与。専門は社会科教育、教育課程論ほか。著書に『「思考力・判断力・表現力」を鍛える新社会科の指導と評価』（明治図書出版）などがある。

第3章　道徳心・コンプライアンスを育む

原坂一郎（はらさか いちろう）

KANSAIこども研究所所長。1980年に独学で保育士免許を取得したのち、23年間の保育士勤務を経て、こどもコンサルタントとして独立。笑いと笑顔をキーワードに子育てに関する講演を全国で展開している。『言うこと聞かない！落ち着きない！ 男の子のしつけに悩んだら読む本』（すばる舎）など著書多数。

第4章　挑戦意欲を育む　および　第5章　自己主張を育む

池上 正（いけがみ ただし）

大阪体育大学卒業後、大阪YMCAで子どものサッカー指導を行う。その後、ジェフユナイテッド市原・千葉に育成普及部コーチとして加入したのち、NPO法人市原アカデミーを設立。千葉大学教育学部や東邦大学理学部でも非常勤講師を務めた経歴を持つ。著書に『伸ばしたいなら離れなさい サッカーで考える子どもに育てる11の魔法』（小学館）などがある。

第6章　IQ・学力を伸ばす　および　第7章　語彙・国語力を育む

松永暢史（まつなが のぶふみ）

教育環境設定コンサルタント。音読法や作文法など独自の学習法を開発し、講演・執筆活動を行う傍ら、教育や学習の悩みに答える教育相談事務所V-net主宰。著書に『男の子を伸ばす母親は、ここが違う！』（扶桑社）、『「ズバ抜けた問題児」の伸ばし方 ADHDタイプ脳のすごさを引き出す勉強法』（主婦の友社）など多数。

子どもの経済力を決める父親からの問いかけ

2018年7月10日　初版第1刷発行

編集　マルコ社
執筆　有限会社 verb
デザイン　小山悠太（koyama@einband.net）
イラスト　株式会社コットンズ
校正　ディクション株式会社

発行者　梅中伸介
発行所　マルコ社（MARCO BOOKS LIMITED）
〒151-0053
東京都渋谷区代々木3-1-3　AXISビル5F
電話：03-5309-2691　FAX：03-5309-2692
e-mail：info@marcosha.co.jp
公式 facebook：http://www.facebook.com/marcosha2010
ウェブサイト：http://www.marcosha.co.jp

発売　サンクチュアリ出版
〒113-0023
東京都文京区向丘2-14-9
電話：03-5834-2507　FAX：03-5834-2508

印刷・製本　株式会社 シナノ パブリッシング プレス

ISBN978-4-86113-684-9